Adorer
en esprit et en vérité

L'adoration spirituelle

Dr. Jaerock Lee

« Mais l'heure vient, et elle est déjà venue,
où les vrais adorateurs adoreront
le Père en esprit et en vérité;
car ce sont là les adorateurs que le Père demande.
Dieu est Esprit, et il faut que ceux qui l'adorent
l'adorent en esprit et en vérité. »
(Jean 4:23-24)

Adorer en Esprit et en Vérité par le Dr. Jaerock Lee

Publié par Urim Books (représentant : Johnny. H. Kim)

235-3, Guro-dong 3, Guro-gu, Séoul, Corée.
www.urimbooks.com

Tous droits réservés. Ce livre en tout ou en partie ne peut être reproduit sous quelque forme, stocké dans un système de récupération ou transmis sous quelque forme ou par quelque moyen que ce soit, électronique, mécanique, photocopie, enregistrement ou autre, sans autorisation préalable écrite de l'éditeur.

Sauf indication contraire, toutes les citations de textes sacrés sont issues de la Sainte Bible, Nouvelle Edition de Genève, version Louis Segond Révisée 1979-Société Biblique de Genève.

Copyright @ 2012 par Dr Jaerock Lee
ISBN : 979-11-263-1273-3 03230
Copyright de la traduction @ 2012 par Dr Esther K. Chung. Utilisé avec permission.

Première publication Février 2016

Précédemment publié en coréen en 1992 par Urim Books à Séoul, Corée

Édité par le Dr Geumsun Vin
Mise en page par le bureau éditorial d'Urim Books
Pour plus d'informations contactez urimbook@hotmail.com

Avant-propos

Il n'est pas rare de voir des acacias dans le désert d'Israël. Ces arbres prennent racine à des centaines de mètres sous la surface afin de rechercher l'eau souterraine nécessaire à la vie. À première vue, les acacias ne sont bons que comme bois de chauffage, mais leur bois est plus solide et plus résistant dans le long terme que celui de tous les autres arbres.

Dieu a ordonné que l'Arche du Témoignage (l'Arche de l'Alliance) soit construite en bois d'acacia, recouverte d'or puis placée dans le Lieu Très-Saint. Le Lieu Très-Saint est un endroit sacré dans lequel Dieu demeure et où seul le souverain sacrificateur a le droit d'entrer. De même, la personne qui s'enracine dans la Parole de Dieu, qui est la vie, sera non seulement utilisée comme un instrument précieux devant Dieu, mais jouira également d'abondantes bénédictions durant sa vie.

C'est bien ce que Jérémie 17:8 affirme : « Il est comme un arbre planté près des eaux, et qui étend ses racines vers le courant; il n'aperçoit point la chaleur quand elle vient, et son feuillage reste vert; dans l'année de la sécheresse, il n'a point de crainte, et il ne cesse de porter du fruit. » Ici, le terme « l'eau » fait spirituellement référence à la Parole de Dieu, et la personne qui a reçu de telles bénédictions se réjouira des cultes d'adoration au cours desquels la Parole de Dieu est proclamée.

Le culte est une cérémonie par laquelle nous témoignons de notre respect et exprimons notre adoration pour la divinité. En somme, le culte chrétien est une cérémonie au cours de laquelle nous rendons grâce à Dieu et l'élevons avec respect, louange et gloire. Aussi bien au temps de l'Ancien Testament qu'aujourd'hui, Dieu cherche encore et encore ceux qui l'adorent en esprit et en vérité.

Nous retrouvons dans le livre de Lévitique dans l'Ancien Testament les détails minutieux du culte. Certains prétendent que, comme le Lévitique traite de lois qui expliquent comment rendre un culte à Dieu dans l'Ancien Testament, ce livre n'a aucune valeur pour nous aujourd'hui. Il s'agit d'une grosse erreur car les significations des lois sur le culte de l'Ancien Testament restent importantes pour nos cultes à Dieu d'aujourd'hui. En effet, comme cela était le cas au temps de l'Ancien Testament, le culte au temps du Nouveau Testament constitue le chemin par lequel nous rencontrons Dieu. Ce n'est que lorsque nous prenons au sérieux la signification spirituelle des lois de l'Ancien Testament sur le culte, qui était irréprochable, que nous pouvons adorer Dieu dans le Nouveau Testament en esprit et en vérité.

Le présent ouvrage se penche sur les leçons et le sens que les différents sacrifices nous apportent en explorant tour à tour les holocaustes, les offrandes en don, les sacrifices de paix, les sacrifices d'expiation et les sacrifices de culpabilité. Nous verrons comment ils s'appliquent à nous qui vivons au temps du Nouveau Testament. Cela nous permettra de comprendre en détail comment nous devons servir Dieu. Afin d'aider le lecteur à mieux comprendre les lois sur les sacrifices, cet ouvrage comporte des images panoramiques du tabernacle, de l'intérieur du Lieu Saint et du Lieu Très-Saint, ainsi que des objets qui sont associés au culte.

Dieu déclare : «Vous serez saints, car je suis saint» (Lévitique 11:45 ; 1 Pierre 1:16) et désire que chacun de nous comprenne entièrement les lois sur les sacrifices consignées dans le Lévitique afin de mener une vie sainte. J'espère que vous parviendrez à comprendre chaque aspect des sacrifices de l'Ancien Testament et du culte du Nouveau Testament. J'espère également que vous considérerez la façon dont vous rendez un culte à Dieu afin de l'adorer d'une façon qui lui soit agréable.

Je prie au nom de notre Seigneur Jésus-Christ que, tout comme Salomon a été agréable à Dieu avec ses mille holocaustes, chaque lecteur de cet ouvrage puisse être utilisé comme un instrument précieux devant Dieu et que, tel un arbre planté près d'un courant d'eau, vous puissiez jouir d'une abondance de bénédictions en offrant à Dieu un parfum d'amour et de reconnaissance par votre adoration en esprit et en vérité.

Février 2010
Dr. Jaerock Lee

Table des matières

Adorer en Esprit et en Vérité

Avant-propos

Chapitre 1
Le culte spirituel que Dieu agrée   1

Chapitre 2
Les sacrifices de l'Ancien Testament décrits dans le Lévitique   17

Chapitre 3
L'holocauste   43

Chapitre 4
L'offrande en don   67

Chapitre 5
Le sacrifice de paix   83

Chapitre 6
Le sacrifice d'expiation   95

Chapitre 7
Le sacrifice de culpabilité   111

Chapitre 8
Présentez votre corps comme un sacrifice vivant et saint   123

Chapitre 1

Le culte spirituel que Dieu agrée

« Dieu est Esprit, et il faut que ceux qui l'adorent l'adorent en esprit et en vérité. »

Jean 4:24

1. Les sacrifices à l'époque de l'Ancien Testament et le culte du Nouveau Testament

À l'origine, Adam, le premier homme créé, était une créature capable d'avoir une communion directe et intime avec Dieu. Après avoir été tenté par Satan et avoir péché, cette communion intime avec Dieu a été brisée. Dieu avait préparé pour Adam et ses descendants un chemin du pardon et du salut et a ouvert la voie par laquelle cette communication avec Dieu pourrait être rétablie. Nous trouvons ce chemin dans le système sacrificiel de l'Ancien Testament, auquel Dieu avait lui-même gracieusement pourvu.

Les sacrifices de l'Ancien Testament ne sont pas le fruit de la pensée humaine. Les Hébreux ont reçu ces instructions et révélations de la part de Dieu lui-même. Nous savons ceci à cause de Lévitique 1:1 sqq : « L'Eternel appela Moïse; de la tente d'assignation, il lui parla et dit... » Nous pouvons également déduire cela des offrandes qu'Abel et Caïn, fils d'Adam, ont offertes à Dieu (Genèse 4:2-4).

Ces sacrifices suivent des règles précises en fonction de la signification de chacun d'entre eux. Ils sont classés en holocaustes, offrandes en don, sacrifices de paix, sacrifices d'expiation et sacrifices de culpabilité et, selon la gravité du péché et les circonstances des personnes qui offraient ces sacrifices, des taureaux, des agneaux, des chèvres, des tourterelles ou de la fleur de farine pouvaient être offerts. Les sacrificateurs chargés de ces sacrifices devaient faire preuve de maîtrise de soi dans leur vie, être prudents dans leur conduite, se vêtir d'éphods consacrés et offrir des sacrifices préparés avec le plus grand soin selon des règles établies. Ces sacrifices constituaient des formalités extérieures compliquées et strictes.

Au temps de l'Ancien Testament, la personne qui avait péché ne pouvait être rachetée qu'en offrant un sacrifice animal. C'est par le sang que le péché était expié. Toutefois, le même sang animal offert année après année ne pouvait absoudre complètement. Ces sacrifices constituaient des expiations temporaires et donc n'étaient pas parfaits. En effet, la rédemption totale de l'être humain n'est possible que par la vie d'une personne.

Dans 1 Corinthiens 15:21, la Bible nous dit : « Car, puisque la mort est venue par un homme, c'est aussi par un homme qu'est venue la résurrection des morts. » C'est pour cela que Jésus, le Fils de Dieu, est venu dans ce monde en chair et qu'il a, quoiqu'innocent, versé son sang sur la croix et y est mort. Puisque Jésus s'est offert en sacrifice une fois pour toutes (Hébreux 9:28), les sacrifices de sang et leurs règles complexes et rigides n'ont plus leur raison d'être.

Comme nous pouvons le lire dans Hébreux 9:11-12 qui dit : « Mais Christ est venu comme souverain sacrificateur des biens à venir; il a traversé le tabernacle plus grand et plus parfait, qui n'est pas construit de main d'homme, c'est-à-dire qui n'est pas de cette création; et il est entré une fois pour toutes dans le lieu très saint, non avec le sang des boucs et des veaux, mais avec son propre sang, ayant obtenu une rédemption éternelle », Jésus a accompli la rédemption éternelle.

Grâce à Jésus-Christ, nous n'avons plus besoin d'offrir à Dieu des sacrifices de sang mais nous pouvons nous présenter devant lui et Lui offrir un sacrifice vivant et saint. Tel est le culte d'adoration de l'ère du Nouveau Testament. Étant donné que Jésus s'est offert en sacrifice pour les péchés une fois pour toutes en étant cloué à la croix et en versant son sang (Hébreux 10:11-12), croire du cœur que nous sommes sauvés de nos péchés et accepter Jésus-Christ nous permet de recevoir le pardon de nos péchés. Il ne s'agit pas d'une cérémonie qui insiste sur des devoirs, mais d'une démonstration de foi qui jaillit de notre cœur. Il s'agit d'un sacrifice vivant et saint et d'un culte spirituel d'adoration (Romains 12:1).

Cela ne signifie pas que les sacrifices de l'Ancien Testament ont été abolis. Si l'Ancien Testament est une ombre, le Nouveau Testament est l'exacte représentation des choses. Pour ce qui est de la Loi, les lois sur les sacrifices dans l'Ancien Testament ont été rendues parfaites dans le Nouveau Testament par Jésus. À l'ère du Nouveau Testament, les formalités ont été transformées en un culte d'adoration. Tout comme Dieu tenait compte des sacrifices irréprochables et purs de l'Ancien Testament, Il se réjouit de nos cultes d'adoration offerts en esprit et en vérité à l'époque du Nouveau Testament. Les formalités et procédures strictes ne faisaient pas que d'insister sur des cérémonies extérieures, elles portaient également un message spirituel d'une grande profondeur. Elles servent d'indicateurs et nous permettent de sonder notre attitude en ce qui concerne l'adoration.

Tout d'abord, après avoir cherché à offrir un dédommagement et à prendre la responsabilité de ses fautes devant son prochain, ses frères ou Dieu (sacrifice de culpabilité),le croyant doit considérer sa vie des semaines précédentes, confesser ses péchés et chercher le pardon (sacrifice d'expiation), puis adorer avec un cœur pur et la plus grande sincérité (holocauste). Lorsque nous sommes agréables à Dieu en offrant des sacrifices préparés avec le plus grand soin pour exprimer notre reconnaissance pour Sa grâce qui nous a protégés durant les dernières semaines (offrande en don) et en Lui confiant les désirs de notre cœur (sacrifice de paix), Il répond à ces désirs et nous donne la force et la puissance de vaincre le monde. Nous retrouvons donc dans les cultes de l'ère du Nouveau Testament un grand nombre de valeurs qui nous viennent des lois sacrificielles de l'Ancien Testament. Nous explorerons plus en détail les lois sacrificielles de l'Ancien Testament à partir du chapitre 3.

2. Adorer en esprit et en vérité

Dans Jean 4:23-24 Jésus nous dit : « Mais l'heure vient, et elle est déjà venue, où les vrais adorateurs adoreront le Père en esprit et en vérité; car ce sont là les adorateurs que le Père demande. Dieu est Esprit, et il faut que ceux qui l'adorent l'adorent en esprit et en vérité. » Il s'agit d'un extrait de ce que Jésus a annoncé à une femme qu'il a rencontrée au bord d'un puits de la ville samaritaine de Sychar. La femme avait posé une question à Jésus, qui avait initié la conversation en demandant de l'eau, concernant le lieu de culte, sujet qui avait depuis longtemps fait l'objet d'une controverse (Jean 4:19-20).

En effet, les Juifs offraient des sacrifices à Jérusalem, où se trouvait le Temple, mais les Samaritains apportaient leurs offrandes au Mont Gerizim. En effet, lorsqu'Israël a été divisé en deux durant le règne de Roboam, fils de Salomon, le royaume d'Israël au nord a construit un haut lieu pour ne pas que les gens se rendent au Temple de Jérusalem. Comme la femme savait tout cela, elle s'interrogeait sur le vrai lieu d'adoration.

Pour le peuple d'Israël, le lieu d'adoration revêt une signification importante. Comme Dieu était présent dans le Temple, celui-ci était mis à part et les gens croyaient qu'il s'agissait du centre de l'univers. Cependant, parce que le genre de cœur par lequel on adore Dieu est plus important que le lieu du culte, Jésus, lorsqu'Il s'est révélé comme le Messie, a laissé entendre que la façon de comprendre le culte devait également être renouvelée.

Que signifie « adorer en esprit et en vérité » ? Cela signifie que l'on fait notre pain quotidien des 66 livres de la Bible, qui est la Parole de Dieu, sous l'inspiration et dans la plénitude de l'Esprit Saint et que nous adorons du plus profond de nos cœurs avec l'aide du Saint-Esprit qui vit en nous. « Adorer en vérité » signifie que nous avons une compréhension correcte de qui Dieu est et que nous L'adorons en toute sincérité et de tout notre corps, coeur et volonté et Lui rendons joie, reconnaissance, prière, louange, service et offrandes.

Que Dieu accepte ou non notre adoration ne dépend ni de notre apparence externe, ni de la taille de nos offrandes, mais de l'attention avec laquelle nous lui rendons ce culte dans nos circonstances individuelles. Dieu acceptera avec plaisir et répondra aux désirs du cœur de ceux qui l'adorent du plus profond de leur cœur et lui apportent des offrandes volontaires. Cependant, Il n'accepte pas l'adoration des gens insolents dont les cœurs sont inconsidérés et qui ne se soucient que de ce que les autres pensent d'eux.

3. Offrir un culte que Dieu agrée

Ceux d'entre nous qui vivent au temps du Nouveau Testament où toute la Loi a été accomplie par Jésus-Christ doivent adorer Dieu d'une façon plus parfaite. En effet, l'amour est le plus grand commandement qui nous ait été donné par Jésus-Christ, qui a accompli la Loi avec amour. L'adoration est donc l'expression de notre amour pour Dieu. Certains confessent leur amour pour Dieu de leurs lèvres mais, quand on considère la façon dont ils L'adorent, on peut se demander s'ils aiment vraiment Dieu du plus profond de leur cœur.

Si nous devions rencontrer une personne qui est supérieure en rang ou en âge, nous soignerions notre accoutrement, notre attitude et notre cœur. Si nous devions lui offrir un cadeau, nous préparerions avec le plus grand soin un présent immaculé. Dieu est le Créateur de toutes les choses de l'univers et est digne de recevoir gloire et louange de la part de Sa création. Si nous voulons adorer Dieu en esprit et en vérité, nous ne pouvons jamais être impertinents devant Lui. Nous devons nous considérer nous-mêmes et examiner si nous avons ou non été impertinents et nous assurer que nous participons aux cultes de tout notre corps, cœur, volonté et attention.

1) Nous ne pouvons pas être en retard aux réunions

Étant donné que le culte est une cérémonie durant laquelle nous reconnaissons l'autorité spirituelle du Dieu invisible, nous ne le reconnaîtrons dans notre cœur qu'après avoir respecté les règles et préceptes qu'Il a établis. Par conséquent, arriver en retard aux réunions est impertinent, et ce quelles que soient les raisons.

Comme le temps du culte est un temps que nous avons promis de consacré à Dieu, nous devons arriver avant l'heure pour prier et préparer la réunion dans nos cœurs. Si nous devions rencontrer un roi, un président ou un premier ministre, il ne fait aucun doute que nous arriverions à l'heure et attendrions avec nos cœurs prêts. Comment donc pouvons-nous arriver en retard ou en nous précipitant pour rencontrer Dieu, qui est infiniment bien plus grand et plus majestueux que tous les hauts placés du monde ?

2) Nous devons donner toute notre attention au message

Un berger (un pasteur) est un serviteur qui a été oint par Dieu : il est équivalent au sacrificateur de l'Ancien Testament. Un berger qui a été établi pour proclamer la Parole depuis un autel sacré est un guide qui conduit le troupeau de moutons vers le Ciel. Dieu considère donc toute impertinence ou désobéissance envers un berger comme impertinence ou désobéissance envers Dieu Lui-même.

Dans Exode 16:8, nous voyons que lorsque le peuple d'Israël murmurait contre Moïse et s'opposait à lui, c'est, en fait, à Dieu qu'il s'opposait. Dans 1 Samuel 8:4-9, quand le peuple a désobéi au prophète Samuel, Dieu a considéré cela comme de la désobéissance envers Lui-même. Par conséquent, si vous parlez à la personne assise à côté de vous et que vos pensées se remplissent de toutes sortes de pensées vaines pendant qu'un berger est en train de proclamer un message de la part de Dieu, vous êtes impertinent par rapport à Dieu.

Somnoler ou dormir pendant les cultes est également une forme d'impertinence. Pouvez-vous imaginer à quel point ce serait grossier si un ministre s'endormait durant une réunion organisée par le président ? Somnoler ou dormir dans un sanctuaire, qui est le corps de Notre Seigneur, est une forme d'impertinence devant Dieu, le berger et les frères et sœurs dans la foi.

Il est également inacceptable d'adorer avec un esprit brisé. Dieu n'acceptera pas l'adoration qui Lui est offerte dans la tristesse au lieu de la reconnaissance et la joie. Nous devons donc participer aux cultes en nous réjouissant d'entendre le message, remplis d'espoir pour le Ciel et avec des cœurs reconnaissants de la grâce du salut et de l'amour. Il est impertinent de déranger ou de parler à une personne en train de prier. Tout comme il n'est pas convenable d'interrompre une conversation entre votre collègue et votre patron, il est impertinent d'interrompre la conversation d'une personne avec Dieu.

3) Il ne faut pas utiliser d'alcool ou de tabac avant d'assister à des cultes d'adoration

Dieu ne tiendra pas compte des difficultés qu'éprouve un nouveau croyant à arrêter de boire et de fumer et ne considérera pas sa foi faible comme étant un péché. Par contre, si une personne qui a été baptisée et jouit d'une position dans l'église continue de boire et de fumer, il s'agit d'une forme impertinence devant Dieu.

Même les non-croyants estiment qu'il n'est pas approprié d'aller à l'église en état d'ébriété ou juste après avoir fumé. Lorsqu'une personne prend conscience de tous les problèmes et péchés qui découlent du fait de boire et de fumer, elle sera capable de discerner comment se conduire en tant qu'enfant de Dieu selon la vérité.

Fumer provoque toutes sortes de cancers et est donc nocif pour le corps. L'alcool, qui peut conduire à l'ivresse, peut être une cause de mauvaise conduite et de paroles inconvenables. Comment un croyant qui fume ou boit pourrait-il servir d'exemple de ce qu'est un enfant de Dieu alors que son comportement pourrait même Le discréditer ? Par conséquent, si vous avez la foi véritable, vous devez rapidement vous débarrasser de ces anciennes habitudes. Même si vous êtes débutant dans la foi, faire tous vos efforts pour vous débarrasser de vos anciennes habitudes sera agréable à Dieu.

4) Nous ne devons pas causer de distractions ou gâcher l'ambiance du culte

Un sanctuaire est un lieu sacré mis à part pour adorer, prier et louer Dieu. Si des parents laissent leurs enfants pleurer, faire du bruit ou se déchaîner, ces enfants auront empêché les autres membres de l'église d'adorer Dieu de tout leur cœur. Il s'agit d'une forme d'impertinence devant Dieu.

Il est également irrespectueux d'être contrarié, de se mettre en colère ou de parler de ses affaires professionnelles ou de divertissements dans le sanctuaire. Le chewing-gum, le fait de parler fort aux gens assis à côté de vous, se lever et sortir du sanctuaire en pleine réunion sont également des manques de respect. Porter des chapeaux, des T-shirts, des chemisettes sans manches, des tongs ou des pantoufles à un culte d'adoration est également inconvenant. L'apparence extérieure n'est pas importante, mais l'attitude intérieure d'une personne se reflète souvent dans son apparence extérieure. L'attention avec laquelle une personne se prépare pour la réunion se remarque dans sa façon de se vêtir et son apparence extérieure.

Bien comprendre Dieu et ce qu'Il désire nous permet de Lui offrir des sacrifices spirituels d'adoration qu'Il agrée. Lorsque nous adorons Dieu d'une façon qui Lui est agréable (c'est-à-dire, lorsque nous l'adorons en esprit et en vérité), Il nous donnera le pouvoir de comprendre de sorte que ce discernement soit gravé au plus profond de notre cœur et que nous portions du fruit en abondance et profitions de la grâce merveilleuse et des bénédictions qu'Il répand sur nous.

4. Une vie marquée par l'adoration en esprit et en vérité

Quand nous adorons Dieu en esprit et en vérité, nos vies sont renouvelées. Dieu veut que la vie entière de chaque personne soit marquée par l'adoration en esprit et en vérité. Comment devons-nous nous conduire pour offrir à Dieu des cultes d'adoration spirituels qu'Il acceptera avec joie ?

1) Nous devons toujours nous réjouir

La véritable joie ne provient pas seulement de raisons de nous réjouir mais nous la ressentons même lorsque nous faisons face à des choses douloureuses et difficiles. Jésus-Christ, que nous avons accepté comme notre Sauveur, est Lui-même notre raison de toujours nous réjouir car Il s'est chargé de toutes nos malédictions. Lorsque nous étions sur le chemin de la destruction, Il nous a délivrés de notre péché en versant Son sang. Il a pris sur Lui notre pauvreté et notre misère et Il a délié les chaînes de la cruauté des larmes, de la souffrance, du deuil et de la mort. De plus, Il a détruit l'autorité de la mort et est ressuscité, ce qui nous donne l'espoir de la résurrection et nous permet de posséder la vie véritable et le Ciel si beau.

Si nous possédons Jésus-Christ par la foi comme notre source de joie, alors nous ne pouvons pas nous empêcher de nous réjouir. Comme nous avons un espoir merveilleux pour la vie à venir et que nous jouirons d'un bonheur éternel, même si nous n'avons rien à manger et sommes inquiétés par des problèmes familiaux, même si nous traversons des souffrances et des persécutions, la réalité n'aura que peu d'importance pour nous. Tant que notre cœur rempli d'amour pour Dieu ne vacille pas et que notre espoir pour le Ciel n'est pas ébranlé, notre joie ne se dissipera jamais. Ainsi, lorsque nos cœurs sont remplis de la grâce de Dieu et de l'espoir du Ciel, la joie jaillit à tout moment et les difficultés sont plus rapidement transformées en bénédictions.

2) Il nous faut prier sans cesse

L'expression « prier sans cesse » à trois sens différents. Tout d'abord, il s'agit de faire de la prière notre habitude. Même Jésus, tout au long de Son ministère, recherchait les endroits calmes dans lesquels Il pourrait prier selon « Son habitude ». Daniel priait trois fois par jour de façon régulière et Pierre et les autres disciples consacraient également du temps à la prière. Nous devons aussi faire de la prière notre habitude afin de garder plein le réservoir de prière et nous assurer que l'huile du Saint-Esprit ne s'épuise jamais. Seulement alors pouvons-nous comprendre la Parole de Dieu durant les cultes et recevoir la force de vivre par la Parole.

Ensuite, « prier sans cesse » implique également que l'on prie à des moments qui ne sont pas déterminés par un calendrier ou une habitude. Il arrive que le Saint-Esprit nous pousse à prier même en dehors des moments durant lesquels nous prions habituellement. Nous entendons souvent des témoignages de personnes qui ont évité des difficultés ou ont été protégées et gardées lors d'accidents quand elles ont obéi par la prière dans ces moments.

Enfin, « prier sans cesse » consiste également à méditer la Parole de Dieu jour et nuit. Peu importe où, avec qui, ou ce qu'une personne peut être en train de faire, la vérité dans son cœur doit être vivante et faire activement son œuvre.

On pourrait comparer la prière à la respiration de notre esprit. Tout comme la chair meurt quand la respiration de la chair s'arrête, cesser de prier conduit à un affaiblissement de l'esprit et finalement à sa mort. On peut dire qu'une personne « prie sans cesse » quand non seulement elle invoque Dieu à des moments spécifiques, mais encore quand elle médite la Parole de Dieu jour et nuit et en vit.

Lorsque la Parole de Dieu fait Sa demeure dans le cœur d'une personne et que cette personne se met à vivre en harmonie avec le Saint-Esprit, tous les aspects de sa vie prospéreront et elle sera clairement et intimement dirigée par le Saint-Esprit.

En accord avec la Bible qui nous dit de « chercher d'abord Son royaume et Sa justice », lorsque nous prions pour le royaume de Dieu (Sa providence et le salut des âmes), plutôt que pour nous-mêmes, Dieu nous bénit encore plus abondamment. Pourtant, certains prient lorsqu'ils traversent des difficultés ou qu'ils ressentent un besoin, mais s'arrêtent de prier quand ils sont à nouveau dans la paix. D'autres prient avec diligence lorsqu'ils sont remplis du Saint-Esprit mais s'arrêtent de prier lorsqu'ils perdent la plénitude.

Il nous faut néanmoins toujours ranimer nos cœurs et élever vers Dieu le parfum de prière qu'Il agrée. Vous pouvez imaginer combien il est difficile de faire sortir des mots contre son gré et d'essayer de simplement faire passer le temps de prière tout en essayant en même temps de lutter contre la somnolence et les pensées stériles. Ainsi, si un croyant considère avoir un certain niveau de foi mais continue à avoir des difficultés et trouve que parler à Dieu est un effort, ne devrait-il pas se sentir gêné de confesser son « amour » pour Dieu ? Si vous vous dites : « ma prière est spirituellement terne et stagnante », examinez votre cœur pour discerner à quel point vous avez été joyeux et reconnaissant.

Il est certain que lorsque le cœur d'une personne est continuellement rempli de joie et de reconnaissance, la prière se fera dans la plénitude du Saint-Esprit et ne sera pas stagnante, mais atteindra de plus grandes profondeurs. Une telle personne n'aura pas l'impression d'avoir des difficultés à prier. Au contraire, plus la situation sera difficile, plus elle aura soif de la grâce de Dieu, ce qui la poussera à invoquer Dieu avec encore plus d'ardeur et sa foi ne pourra que grandir petit à petit.

Lorsque nous crions à Dieu en prière du plus profond de nos cœurs sans nous arrêter, nous portons beaucoup de fruit de prière. En dépit des épreuves qui peuvent survenir sur notre route, nous persévérerons dans nos temps de prière. De plus, selon la mesure avec laquelle nous avons invoqué Dieu en prière, notre foi et notre amour atteindront davantage de profondeurs spirituelles et nous partagerons la grâce avec d'autres également. Il est donc essentiel que nous priions sans cesse avec joie et reconnaissance afin de recevoir des réponses de Dieu sous la forme de beaux fruits dans l'esprit et dans la chair.

3) Il nous faut rendre grâces en toutes choses

Quelles raisons avez-vous d'être reconnaissant ? La première raison est le fait que nous, qui étions destinés à mourir, avons été sauvés et pouvons entrer dans le Ciel. Le fait que nous ayons tout reçu, y compris notre pain quotidien et une bonne santé, sont suffisamment de raisons de rendre grâces à Dieu. Par ailleurs, nous pouvons être reconnaissants malgré les afflictions et les épreuves car nous croyons dans le Dieu tout-puissant.

Dieu connaît chacune de nos circonstances et situations et Il entend toutes nos prières. Lorsque nous nous confions en Dieu au sein des épreuves, Il nous guidera de sorte que nous nous en sortions encore plus beaux qu'auparavant.

Quand nous sommes affligés au nom de notre Seigneur ou même quand nous traversons des épreuves à cause de nos propres erreurs et défauts, si nous nous confions véritablement en Dieu, nous trouverons que nous ne pouvons rien faire d'autre que de dire merci. Lorsque nous sommes dans le besoin ou faibles, nous serons encore plus reconnaissants de la puissance de Dieu qui nous fortifie et perfectionne le faible. Même quand la réalité à laquelle nous faisons face devient de plus en plus difficile à gérer et à endurer, nous serons capables de dire merci à cause de notre foi en Dieu. Lorsque nous aurons rendu grâces par la foi jusqu'au bout, nous verrons qu'à la fin toutes choses concourent pour notre bien et que les difficultés se seront changées en bénédictions.

Toujours se réjouir, prier sans cesse et rendre grâces en toutes choses sont des critères qui nous permettent de discerner à quel point nous avons porté du fruit dans l'esprit et dans la chair durant nos vies de foi. Plus nous sommes déterminés à nous réjouir quelles que soient les situations, à semer des graines de joie et à remercier Dieu du plus profond de nos cœurs en cherchant des raisons de nous réjouir, plus nous porterons du fruit et serons reconnaissants. Cela est vrai également de la prière, plus nous faisons d'efforts dans la prière, plus nous en serons fortifiés et récolterons des réponses comme fruits.

Par conséquent, j'espère qu'en offrant chaque jour à Dieu les cultes d'adoration spirituels qu'Il désire et qu'Il agrée au cours d'une vie marquée par une joie et des prières continuelles et de la reconnaissance (1Thessaloniciens5:16-18), vous porterez beaucoup de fruits dans l'esprit et dans la chair.

Chapitre 2

Les sacrifices de l'Ancien Testament tels qu'ils sont décrits dans le Lévitique

« L'Eternel appela Moïse; de la tente d'assignation, il lui parla et dit: Parle aux enfants d'Israël, et dis-leur: Lorsque quelqu'un d'entre vous fera une offrande à l'Eternel, il offrira du bétail, du gros ou du menu bétail. »

Lévitique 1:1-2

1. L'importance du Lévitique

On dit souvent que l'Apocalypse dans le Nouveau Testament et le Lévitique dans l'Ancien Testament sont les livres de la Bible les plus difficiles à comprendre. C'est pour cela que lorsqu'ils lisent la Bible, certains évitent ces livres, et d'autres pensent même que les lois sur les sacrifices de l'Ancien Testament n'ont absolument aucun intérêt pour nous aujourd'hui. Cependant, si ces livres n'ont aucune importance pour nous aujourd'hui, pourquoi Dieu les aurait-Il inclus parmi les livres de la Bible ? Étant donné que chaque mot du Nouveau et de l'Ancien Testament est nécessaire à notre vie en Christ, Dieu a permis qu'ils soient compilés dans la Bible (Matthieu 5:17-19).

Les lois sur les sacrifices de l'Ancien Testament ne doivent pas être mises au rebut par les croyants de l'époque du Nouveau Testament. Tout comme pour tout le reste de la Loi, les lois sur les sacrifices de l'Ancien Testament ont également été accomplies par Jésus dans le Nouveau Testament. Le sens des lois sur les sacrifices de l'Ancien Testament a des implications qui se retrouvent à chaque étape du culte moderne dans le sanctuaire de Dieu et les sacrifices de l'époque de l'Ancien Testament sont similaires à la façon de procéder dans les cultes d'adoration actuels. Une fois que nous aurons bien compris les lois sacrificielles de l'Ancien Testament et leur importance, nous serons en mesure de suivre un raccourci vers des bénédictions par lesquelles nous allons rencontrer Dieu et faire l'expérience de Sa personne en comprenant correctement comment L'adorer et Le servir.

Le livre du Lévitique est une partie de la Parole de Dieu qui s'applique aujourd'hui à tous ceux qui croient en Lui. En effet, comme nous le voyons dans 1 Pierre 2:5 qui nous dit : « vous-mêmes, comme des pierres vivantes, édifiez-vous pour former une maison spirituelle, un saint sacerdoce, afin d'offrir des victimes spirituelles, agréables à Dieu par Jésus-Christ », tous ceux qui ont reçu le salut en Jésus-Christ peuvent se présenter devant Dieu, exactement comme le faisaient les sacrificateurs de l'Ancien Testament.

Le Lévitique se compose essentiellement de deux parties. La première traite principalement de la façon dont nos péchés sont pardonnés. Elle comprend des lois sur des sacrifices pour obtenir le pardon des péchés. Cette première partie décrit également les qualifications et responsabilités des sacrificateurs responsables des sacrifices entre Dieu et le peuple. La deuxième partie reprend en grand détail les péchés que le peuple élu de Dieu, Son peuple saint, ne doit jamais commettre. En résumé, chaque croyant doit connaître la volonté de Dieu exposée en Lévitique, qui met l'accent sur la façon de maintenir la relation sacrée que nous avons avec Dieu.

Les lois sacrificielles du Lévitique expliquent comment nous devant adorer Dieu. Tout comme nous nous présentons devant Dieu et recevons Ses réponses et bénédictions durant les cultes d'adoration, les gens de l'Ancien Testament obtenaient le pardon des péchés et faisaient l'expérience de l'œuvre de Dieu au travers du système sacrificiel. Avec l'avènement de Jésus-Christ, cependant, le Saint-Esprit fait Sa demeure en nous et nous pouvons être en communion avec Dieu lorsque nous L'adorons en esprit et en vérité grâce à l'œuvre de l'Esprit Saint.

Hébreux 10:1 nous dit : « En effet, la loi qui possède une ombre des biens à venir, et non l'exacte représentation des choses, ne peut jamais, par les mêmes sacrifices qu'on offre perpétuellement chaque année, amener les assistants à la perfection. » S'il y a une représentation des choses, il y a aussi une ombre de ces choses.

Aujourd'hui, la « représentation » c'est que nous pouvons adorer au travers de Jésus, contrairement au temps de l'Ancien Testament où les gens entretenaient leur relation avec Dieu au travers du système sacrificiel, qui était une ombre.

Les offrandes doivent être apportées à Dieu selon les règles qui Lui sont agréables : Dieu n'accepte pas l'adoration offerte par une personne qui veut apporter cette adoration à sa façon. Dans Genèse 4, nous voyons que si Dieu a accepté l'offrande d'Abel qui suivait la volonté de Dieu, Il n'a pas tenu compte de l'offrande de Caïn qui avait lui-même décidé de la façon dont il apporterait des sacrifices.

Ainsi, il existe un type d'adoration qui est agréable à Dieu et un autre qui s'éloigne des règles et n'a donc plus rien à voir avec l'adoration qui plaît à Dieu. Nous retrouvons dans le système sacrificiel du Lévitique des informations pratiques sur le genre d'adoration qui nous permet de recevoir des réponses et des bénédictions et qui est agréable à Dieu.

2. Dieu a appelé Moïse de la tente de la rencontre

Dans Lévitique 1:1, il est écrit : « L'Eternel appela Moïse; de la tente d'assignation, il lui parla et dit... » La tente de la Rencontre ou d'assignation est un sanctuaire mobile qui permettait au peuple d'Israël vivant dans le désert de se déplacer facilement. C'est là que Dieu a appelé Moïse. Il s'agit en fait du Tabernacle, qui était constitué du Lieu Saint et du Lieu Très Saint (Exode 30:18, 30:20, 39:32 et 40:2). Ce terme peut également inclure le parvis délimité par des tentures (Nombres 4:31, 8:24).

Après l'Exode, durant son voyage vers le pays de Canaan, le peuple d'Israël a passé beaucoup de temps dans le désert et devait constamment se déplacer. C'est pourquoi le Temple, où les sacrifices étaient offerts à Dieu, n'a pu à l'époque être construit comme bâtiment permanent. Il s'agissait à l'époque d'un Tabernacle qui pouvait être facilement déplacé. Cela explique pourquoi cette structure était également appelée « temple du Tabernacle ».

Exode 35-39 nous donne des détails précis sur la construction de ce Tabernacle. Dieu Lui-même a indiqué à Moïse les détails de la structure du tabernacle et les matériaux qui devraient être utilisés pour sa construction. Quand Moïse a communiqué à l'assemblée les matériaux nécessaires à la construction du Tabernacle, ils se sont fait une joie d'apporter des matériaux utiles tels que de l'or, de l'argent, du bronze, différents types de pierres précieuses, des tissus bleus, pourpres et écarlates et du fin lin, des poils de chèvres, des peaux de boucs, des peaux de marsouins, à un point tel que Moïse a dû demander au peuple de ne plus en apporter (Exode 36:5-7).

Le Tabernacle a donc été construit grâce à des dons volontaires de l'assemblée. Pour les Israélites en chemin vers Canaan après avoir quitté l'Égypte un peu comme s'ils fuyaient, le coût de la construction du Tabernacle ne pouvait être modeste. Ils n'avaient ni maisons ni terrains. Ils ne pouvaient stocker la richesse gagnée grâce à l'agriculture. Cependant, en anticipant la réalisation de la promesse de Dieu, qui leur avait dit qu'Il habiterait parmi eux lorsqu'ils Lui auraient construit une demeure, le peuple d'Israël a payé tous les coûts et a consacré ses efforts avec beaucoup de joie.

Pour le peuple d'Israël, qui avait longtemps souffert de mauvais traitements et d'un travail très dur, une chose à laquelle ils aspiraient particulièrement était la liberté par rapport à l'esclavage. C'est dans ce contexte qu'après les avoir délivré d'Égypte, Dieu a ordonné la construction du Tabernacle afin de demeurer parmi eux. Le peuple d'Israël n'avait aucune raison de retarder ce projet et le Tabernacle a ainsi vu le jour, avec comme fondation le dévouement joyeux des Israélites.

Le Lieu Saint se trouvait à l'entrée du Tabernacle et il fallait le traverser pour arriver au Lieu Très Saint. Il s'agit de l'endroit le plus saint. Le Lieu Très Saint abrite l'Arche du Témoignage, autrement appelée Arche de l'Alliance. L'Arche du Témoignage, qui contenait la Parole de Dieu, se trouvait dans le Lieu Très Saint, ce qui rappelle que la présence de Dieu était dans cet endroit. Si le temple dans son entièreté était un endroit sacré en tant que maison de Dieu, le Lieu Très Saint était tout particulièrement mis à part et considéré comme le plus saint de tous les lieux. Même le souverain sacrificateur n'avait le droit d'y entrer qu'une fois l'an à l'occasion d'une offrande pour le péché qu'il devait offrir à Dieu pour le peuple. Les gens ordinaires n'avaient pas le droit d'y entrer. En effet, les pécheurs ne peuvent jamais se présenter devant Dieu.

Pourtant, en Jésus-Christ, nous avons tous reçu ce privilège de pouvoir nous présenter devant Dieu. Nous lisons dans Matthieu 27-50-51 : « Jésus poussa de nouveau un grand cri, et rendit l'esprit. Et voici, le voile du temple se déchira en deux, depuis le haut jusqu'en bas. » Lorsque Jésus s'est offert Lui-même par Sa mort sur la croix afin de nous délivrer du péché, le voile qui nous séparait du Lieu Très Saint a été déchiré en deux. Hébreux 10:19-20 explique à ce propos : « Ainsi donc, frères, nous avons, au moyen du sang de Jésus, une libre entrée dans le sanctuaire par la route nouvelle et vivante qu'il a inaugurée pour nous au travers du voile, c'est-à-dire de sa chair. » Le fait que le voile se soit déchiré lorsque Jésus a offert Son corps en sacrifice symbolise l'effondrement du mur de péché qui nous séparait de Dieu. À présent, quiconque croit en Jésus-Christ peut recevoir le pardon des péchés et commencer à avancer sur le chemin qui a été frayé vers le Dieu saint. Si seuls les sacrificateurs avaient alors le droit de se présenter devant Dieu, nous pouvons aujourd'hui jouir d'une communion directe et intime avec Lui.

3. La signification spirituelle de la Tente de la Rencontre

Quel est le sens de la Tente de la Rencontre pour nous aujourd'hui ? La Tente de la Rencontre est l'église où les chrétiens adorent aujourd'hui, le Lieu Saint est le corps des croyants qui ont accepté le Seigneur et le Lieu Très Saint est notre cœur où le Saint-Esprit demeure. 1 Corinthiens 6:19 nous rappelle : « Ne savez-vous pas que votre corps est le temple du Saint-Esprit qui est en vous, que vous avez reçu de Dieu, et que vous ne vous appartenez point à vous-mêmes? » Après que nous avons accepté Jésus comme Sauveur, le Saint-Esprit nous est donné comme un don de Dieu. Étant donné que le Saint-Esprit vit en nous, notre cœur et notre corps constituent un temple saint.

1 Corinthiens 3:16-17 nous dit également : « Ne savez-vous pas que vous êtes le temple de Dieu, et que l'Esprit de Dieu habite en vous ? Si quelqu'un détruit le temple de Dieu, Dieu le détruira; car le temple de Dieu est saint, et c'est ce que vous êtes. » Tout comme nous devons en tout temps garder propre et saint le temple visible de Dieu, nous devons également garder nos corps et nos cœurs saints car le Saint-Esprit y demeure.

Nous lisons que Dieu va détruire quiconque détruit le temple de Dieu. Si un enfant de Dieu a accepté le Saint-Esprit mais continue de se détruire, le Saint-Esprit sera bloqué et il n'y aura pas de salut pour cette personne. Ce n'est que lorsque nous gardons saint par notre conduite et nos cœurs le temple dans lequel le Saint-Esprit vit que nous pourrons parvenir au salut complet et jouir d'une communion directe et intime avec Dieu.

Par conséquent, le fait que Dieu ait appelé Moïse de la Tente de la Rencontre montre que le Saint-Esprit nous appelle du dedans de nous et cherche à être en communion avec nous. Il est naturel que des enfants de Dieu qui ont reçu le salut soient en communion avec Dieu le Père. Ils doivent prier par le Saint-Esprit et L'adorer en esprit et en vérité dans une communion intime avec Dieu.

À l'époque de l'Ancien Testament, les gens ne pouvaient avoir une communion avec le Saint-Esprit à cause de leur péché. Seul le souverain sacrificateur pouvait entrer dans le Lieu Très Saint du Tabernacle et offrir des sacrifices à Dieu pour tout le peuple. Aujourd'hui, tout enfant de Dieu est autorisé à entrer dans le Lieu Saint pour adorer, prier et être en communion avec Dieu. Cela est la conséquence de la rédemption de tous nos péchés que Jésus-Christ a obtenue.

Lorsque nous avons accepté Jésus-Christ, le Saint-Esprit est venu vivre dans notre cœur qu'Il considère comme Lieu Très Saint. Par ailleurs, tout comme Dieu a appelé Moïse de la Tente de la Rencontre, le Saint-Esprit nous appelle du plus profond de nos cœurs et désire être en communion avec nous. En nous permettant d'entendre Sa voix et de recevoir Sa direction, le Saint-Esprit nous conduit à vivre dans la vérité et nous aide à comprendre Dieu. Pour entendre la voix du Saint-Esprit, nous devons nous débarrasser du péché et du mal de nos cœurs et être sanctifiés. Lorsque nous avons accompli la sanctification, nous sommes en mesure de clairement entendre la voix du Saint-Esprit et les bénédictions abondent aussi bien en esprit que dans la chair.

4. La structure de la Tente de la Rencontre

La structure de la Tente de la Rencontre est assez simple. Il faut passer par la porte, dont la largeur est de 9 mètres, qui se trouve à l'est du tabernacle. En pénétrant dans le parvis du tabernacle, on rencontre tout d'abord l'autel des holocaustes, qui est en bronze. Entre cet autel et le Lieu Saint se trouve une cuve ou bassin cérémonial, ensuite on trouve le Lieu Saint, puis le Lieu Très Saint, qui est au cœur de la Tente de la Rencontre.

Le Lieu Saint et le Lieu Très-Saint faisaient ensemble 4,5 mètres de largeur, 13,5 mètres de longueur et 4,5 mètres de hauteur. Le bâtiment se trouve sur une fondation en argent, ses murs sont faits de colonnes d'acacia recouvert d'or et son toit est couvert de quatre

Structure de la Tente de la Rencontre

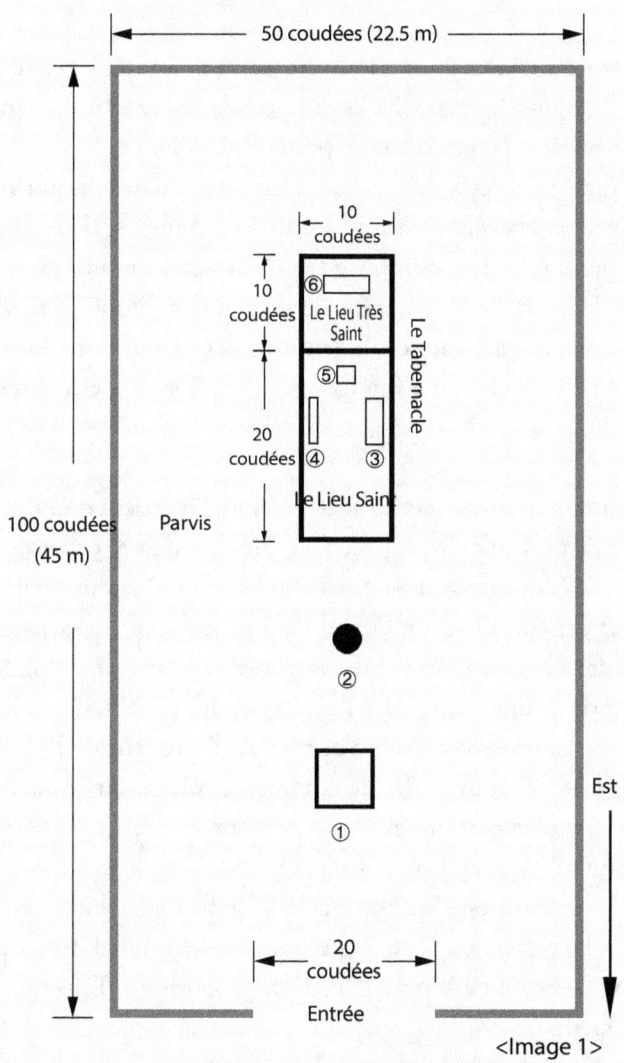

Dimensions
Parvis : 100 x 50 x 5 coudées
Entrée : 20 x 5 coudées
Le Tabernacle : 30 x 10 x 10 coudées
Le Lieu Saint : 20 x 10 x 10 coudées
Le Lieu Très Saint : 10 x 10 x 10 coudées
(* 1 coudée = environ 17,7 pouces)

Ustensiles
1) L'autel des holocaustes
2) La cuve
3) La table des Pains de Proposition
4) Un chandelier d'or pur
5) L'autel de l'encens
6) L'Arche du Témoignage (L'Arche de l'Alliance)

couches de rideaux. Des chérubins sont tissés dans la première couche, la deuxième couche est en poil de chèvre, la troisième en peau de bélier et la quatrième en peau de marsouins. Le Lieu Saint et le Lieu Très-Saint sont séparés par un rideau sur lequel des chérubins sont tissés. Le Lieu Saint est deux fois plus grand que le Lieu Très-Saint. Ce Lieu Saint contient une table pour le pain de la présence (ou pains de propositions), un chandelier et l'autel des parfums. Tous ces objets sont faits d'or pur. Le Lieu Très Saint abrite l'Arche du Témoignage, autrement appelée Arche de l'Alliance.

Résumons donc tout cela. Tout d'abord, l'intérieur du Lieu Très-Saint était un lieu sacré dans lequel Dieu résidait et où se trouvait l'Arche du Témoignage, au-dessus duquel le propitiatoire était placé. Une fois par an, le Jour du Grand Pardon, le souverain sacrificateur entrait dans le Lieu Très-Saint et aspergeait de sang le propitiatoire au nom du peuple pour faire l'expiation des péchés. Tout dans le Lieu Très Saint était décoré d'or pur. À l'intérieur de l'Arche du Témoignage se trouvent les deux tables de pierre sur lesquelles les dix commandements ont été écrits, un vase contenant de la manne et le bâton d'Aaron qui avait fleuri.

Le Lieu Saint est l'endroit où les sacrificateurs entraient pour apporter les offrandes. C'est là que se trouvaient l'autel des parfums, le chandelier et la table pour le pain de proposition. Tous ces objets étaient en or.

De plus, il y avait une cuve de bronze. Cette cuve contenait l'eau avec laquelle les sacrificateurs se lavaient les mains et les pieds avant d'entrer dans le Lieu Saint ou avant d'entrer dans le Lieu Très Saint

Image

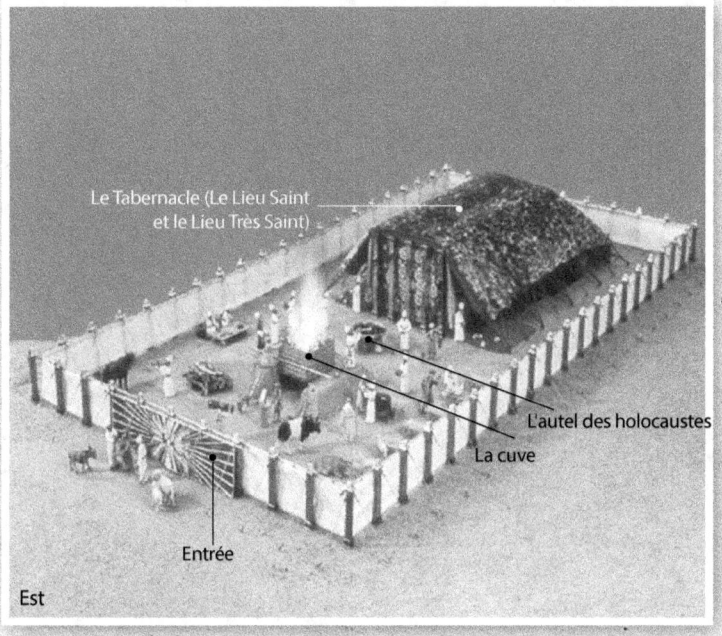

<Image 2>

Vue panoramique de la Tente de la Rencontre

Dans les parvis se trouvent l'autel des holocaustes (Exode 30:28), une cuve (Exode 30:18), et le Tabernacle (Exode 26:1, 36:8). Les parvis sont couverts de rideaux en fin lin retors. Il n'y a qu'une seule entrée, qui se trouve à l'est du Tabernacle (Exode 27:13-16) et qui symbolise Jésus-Christ, seule porte du salut.

Image

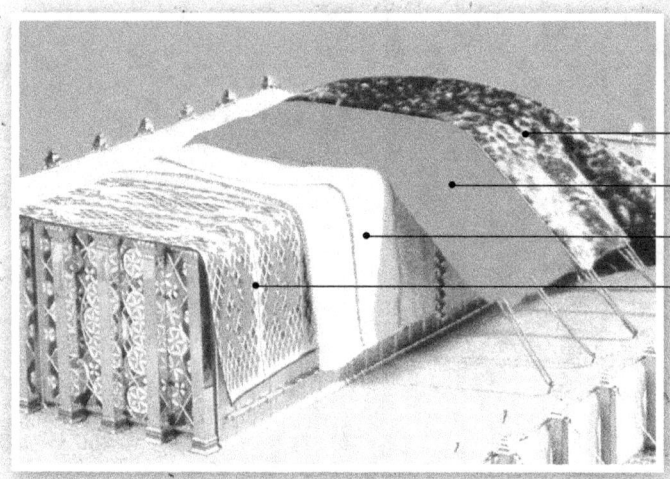

Peaux de marsoui[ns]
Peaux de b[éliers]
Rideaux de poils de chè[vres]
Rideaux bro[dés] avec des chérubins

<Image 3>

Revêtements du Tabernacle

Quatre couches de rideaux et de peaux revêtent le tabernacle.
Tout d'abord, des rideaux brodés avec des chérubins, ensuite, des rideaux de poils de chèvres, puis, des peaux de béliers et, comme couche supérieure, des peaux de marsouins. Les revêtements de l'image 3 sont présentés de sorte que chaque couche soit visible. Si l'on retire ces revêtements, des rideaux sont visibles à l'avant du Lieu Saint derrière lesquels se trouve l'autel de l'encens et les rideaux du Lieu Très Saint.

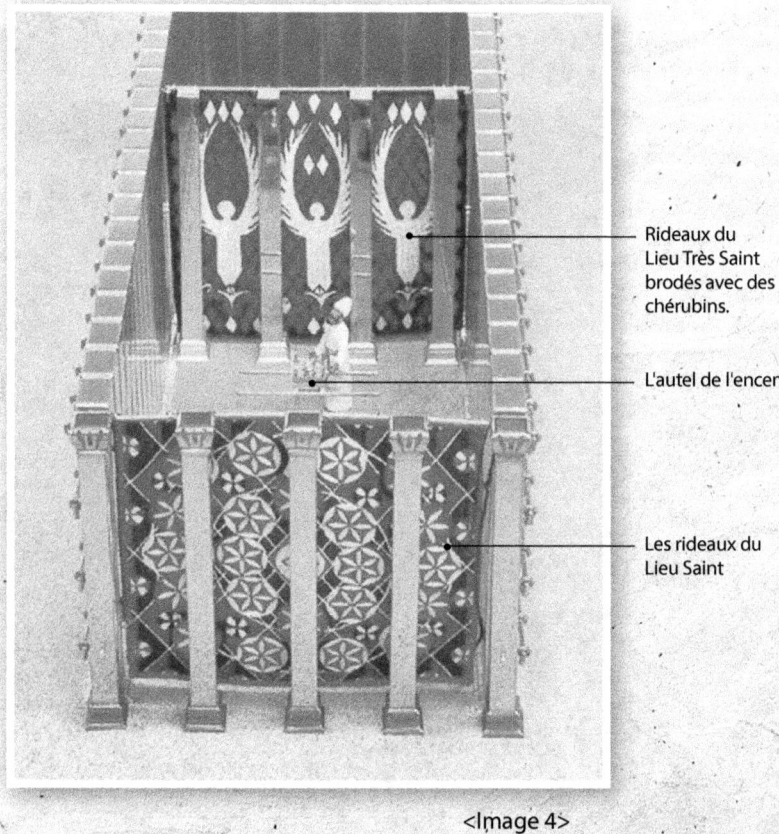

<Image 4>

Le Lieu Saint vu sans ses revêtements

À l'avant du Lieu Saint se trouvent des rideaux qui cachent l'autel de l'encens et les rideaux du Lieu Très Saint.

Image

L'autel de l'encer[s]

Le chande[lier]

La table d[es] Pains de Propositi[on]

<Image 5>

L'intérieur du Tabernacle

Le Lieu Saint contient, au centre, le chandelier en or pur (Exode 25:31), la table des Pains de Proposition (Exode 25:30) et, vers l'arrière, l'autel des parfums (Exode 30:27).

L'autel de l'encens

La table des Pains de Proposition

Le chandelier

Image

<Image 9>

À l'intérieur du Lieu Très Saint

La paroi arrière du Lieu Saint a été retirée pour que l'on puisse voir l'intérieur du Lieu Très Saint. Là, on peut voir l'Arche du Témoignage, le propitiatoire et les rideaux du Lieu Très Saint à l'arrière. Une fois par an, le souverain sacrificateur, vêtu entièrement de blanc, pénétrait dans le Lieu Très Saint et y aspergeait le sang du sacrifice d'expiation.

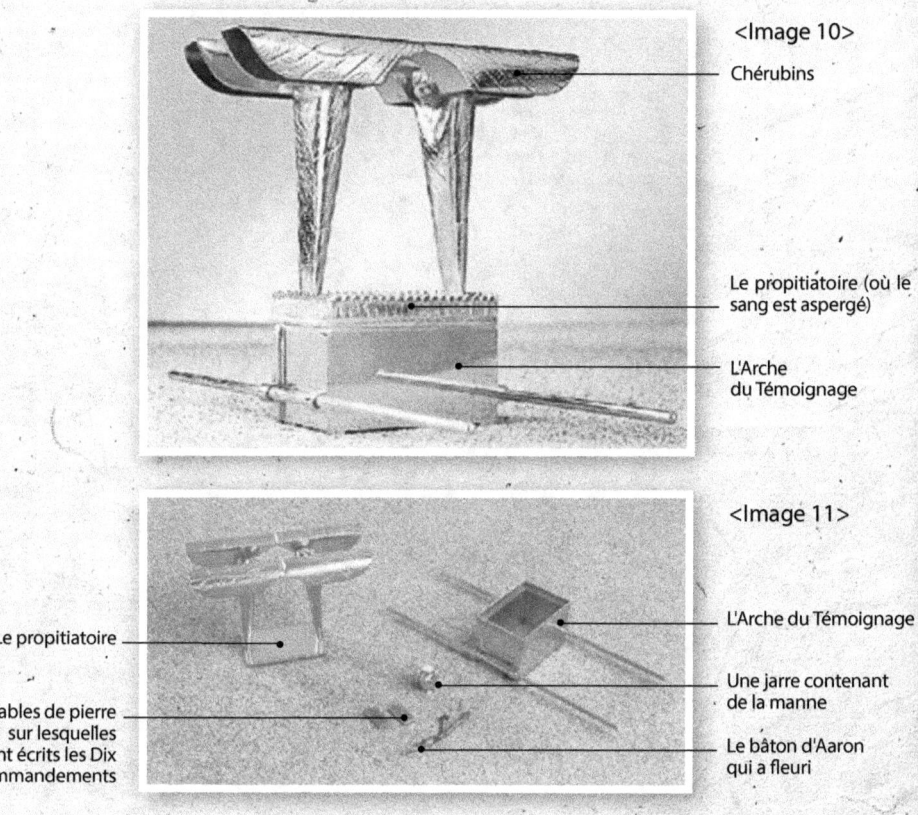

L'Arche du Témoignage et le propitiatoire

À l'intérieur du Lieu Très Saint se trouve l'Arche du Témoigne, fait d'or pur et surplombé du propitiatoire. Le propitiatoire recouvre l'Arche du Témoignage (Exode 25:17-22) et le sang y est aspergé une fois l'an. Aux deux extrémités du propitiatoire se trouvent deux chérubins dont les ailes le couvrent. À l'intérieur de l'Arche du Témoignage se trouvent les tablettes de pierres sur lesquelles les Dix Commandements sont écrits, une jarre contenant de la manne et le bâton d'Aaron qui a fleuri.

Image

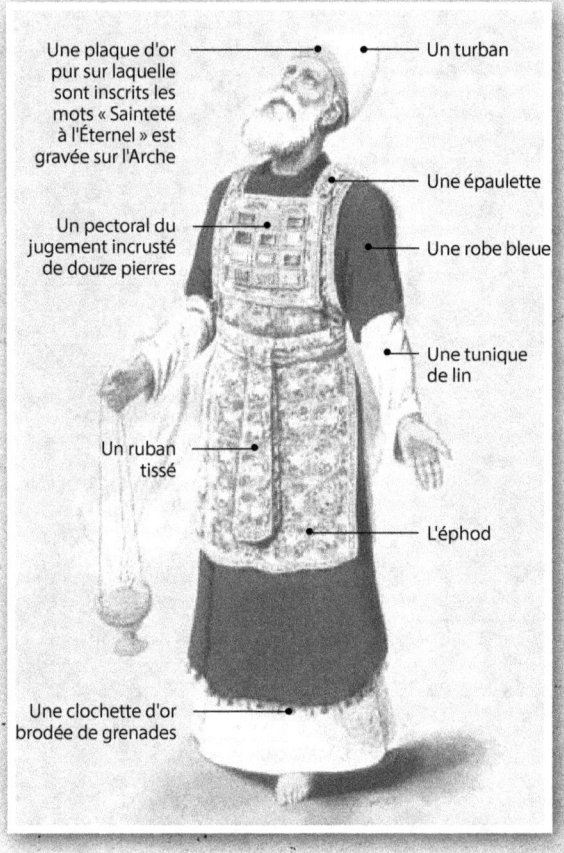

<Image 12>

Les vêtements du souverain sacrificateur

Le souverain sacrificateur était chargé de l'entretien du Temple et de la supervision des sacrifices et, une fois par an, il entrait dans le Lieu Très Saint pour faire une offrande à Dieu. Tous ceux qui accédaient au poste de souverain sacrificateur étaient tenus d'avoir en leur possession l'Urim et le Thummim. Ces deux pierres, qui étaient utilisées pour rechercher la volonté de Dieu, étaient placées sur le pectoral par-dessus l'éphod que le sacrificateur portait. Le terme « Urim » signifie « lumières » et « Thummim » signifie « perfection ».

dans le cas du souverain sacrificateur. L'autel des holocaustes était fait en bronze et pouvait résister au feu. Le feu de l'autel « sortit de devant l'Eternel » lorsque le tabernacle a été achevé (Lévitique 9:24). Dieu a également ordonné que le feu de l'autel brûle continuellement, sans jamais s'éteindre, et que chaque jour deux agneaux d'un an y soient offerts (Exode 29:38-43 ; Lévitique 6:12-13).

5. La signification spirituelle des sacrifices de taureaux et d'agneaux

Dans Lévitique 1:2, Dieu dit à Moïse : « Parle aux enfants d'Israël, et dis-leur: Lorsque quelqu'un d'entre vous fera une offrande à l'Eternel, il offrira du bétail, du gros ou du menu bétail. » Durant les cultes, les enfants de Dieu lui apportent divers dons. En plus de la dîme, nous avons les offrandes, qui incluent des offrandes de reconnaissance, de construction ou de secours. Pourtant, Dieu ordonne que si quelqu'un lui apporte une offrande, celle-ci doit être un animal du troupeau. Étant donné que ce verset a une signification spirituelle, nous ne sommes pas appelés à faire littéralement ce que ce verset commande, mais plutôt comprendre sa signification spirituelle puis agir selon la volonté de Dieu.

Quelle est la signification spirituelle du fait d'offrir un animal du troupeau ? Nous devons adorer Dieu en esprit et en vérité et nous offrir nous-mêmes comme un sacrifice vivant et saint. Il s'agit du « culte raisonnable » (Romains 12:1). Il nous faut toujours rester vigilants dans la prière et nous conduire d'une manière sainte devant Dieu, non seulement durant les cultes, mais également dans notre vie quotidienne. C'est alors que notre adoration et toutes nos offrandes seront présentées devant Dieu comme un sacrifice vivant et saint qui Lui sera agréable.

Pourquoi Dieu-a-t-Il ordonné au peuple d'Israël de Lui offrir des bœufs et des agneaux spécifiquement ? Les bœufs et les agneaux sont les animaux qui représentent le plus adéquatement Jésus, qui est devenu une offrande de paix pour le salut de l'humanité. Explorons les similitudes entre les « bœufs » et Jésus.

1) Les bœufs portent les fardeaux des hommes.

Tout comme les bœufs portent les fardeaux des hommes, Jésus a porté le fardeau de notre péché. Dans Matthieu 11:28, Il nous dit : « Venez à moi, vous tous qui êtes fatigués et chargés, et je vous donnerai du repos. » Les gens s'épuisent et font toutes sortes d'efforts pour obtenir la richesse, l'honneur, la connaissance, la popularité, le prestige, le pouvoir et à peu près tout ce qu'ils pourraient désirer. En plus de tous ces fardeaux que l'homme porte, il porte également le fardeau du péché et vit cette vie au milieu d'épreuves, d'afflictions et de tourments.

Jésus a pris les fardeaux et le poids de la vie en devenant une offrande, en versant le sang de l'expiation et en étant crucifié sur une croix en bois. En mettant sa foi dans le Seigneur, l'être humain peut se décharger de tous ses tracas et fardeaux de péché et profiter d'une vie de paix et de repos.

2) Les bœufs ne sont pas une menace pour l'homme, seulement un atout.

En plus de travailler en obéissance à l'homme, les bœufs lui donnent également du lait, de la viande et des peaux. De sa tête à ses sabots, rien chez le bœuf n'est inutile. Jésus également a été tout bénéfice pour l'être humain. En rendant témoignage de l'évangile du Ciel aux pauvres, aux malades, aux délaissés, Il leur a apporté réconfort et espoir. Il a délié les chaînes de la méchanceté et a guéri de maladies et d'infirmités. Même quand Il ne pouvait manger ou dormir, Jésus faisait tous Ses efforts pour enseigner à tout prix la Parole de Dieu à chaque être humain. En offrant Sa vie et en étant crucifié, Jésus a ouvert le chemin du salut à des pécheurs destinés à l'enfer.

3) La viande des bœufs nourrit l'homme.

Jésus a donné aux êtres humains Sa chair et Son sang de sorte que nous puissions en faire notre pain. Dans Jean 6:53-54, Il nous dit : « Jésus leur dit: En vérité, en vérité, je vous le dis, si vous ne mangez la chair du Fils de l'homme, et si vous ne buvez son sang, vous n'avez point la vie en vous-mêmes. Celui qui mange ma chair et qui boit mon sang a la vie éternelle; et je le ressusciterai au dernier jour. »

Jésus est la Parole de Dieu faite chair et venue dans ce monde. C'est pourquoi, manger la chair de Jésus et boire Son sang nous parle de faire notre pain de la Parole de Dieu et d'en vivre. Tout comme l'être humain ne peut vivre que s'il mange et boit, nous ne pouvons gagner la vie éternelle et entrer dans le Ciel que si nous mangeons et faisons de la Parole de Dieu notre pain.

4) Les bœufs labourent la terre et la transforment en sol fertile.

Jésus cultive le champ du cœur de l'homme. Dans Matthieu 13, nous retrouvons une parabole qui compare le cœur de l'être humain à quatre différents types de terre : le long de la route, le terrain rocailleux, le terrain épineux et le champ de bonne terre. Lorsque Jésus nous rachète de nos péchés, le Saint-Esprit vient faire Sa demeure dans nos cœurs et nous donne la force. Nos cœurs peuvent être transformés en une bonne terre avec l'aide du Saint-Esprit. Lorsque nous nous confions dans le sang de Jésus, qui nous permet d'être pardonnés de tous nos péchés, et obéissons diligemment à la vérité, nos cœurs se transforment en une terre fertile, riche et bonne. C'est alors que nous sommes en mesure de recevoir des bénédictions dans l'esprit et la chair et de récolter 30, 60 et 100 fois plus que ce que nous avons semé.

Quelles sont, ensuite, les similitudes entre les agneaux et Jésus ?

1) Les agneaux sont doux.

Lorsque l'on parle de gens doux ou humbles, on les assimile souvent à la douceur de l'agneau. Jésus est la personne la plus douce qui soit. Esaïe 42:3 nous dit à propos de Jésus : « Il ne brisera point le roseau cassé, et il n'éteindra point la mèche qui brûle encore. » Jésus est patient jusqu'au bout, et ce même avec les méchants, les pervers et ceux qui se sont repentis mais retombent continuellement dans le péché. Il attend qu'ils se détournent de leurs voies. Bien que Jésus soit le Fils du Dieu Créateur et qu'Il ait l'autorité de détruire toute l'humanité, Il reste patient avec nous et nous montre Son amour alors même que des hommes méchants le crucifiaient.

2) Les agneaux sont obéissants.

L'agneau suit en toute obéissance peu importe où son berger le mène et reste tranquille même lorsqu'il est en train d'être tondu. Nous pouvons lire dans 2 Corinthiens 1:19 : « Car le Fils de Dieu, Jésus-Christ, qui a été prêché par nous au milieu de vous, par moi, par Silvain, et par Timothée, n'a pas été oui et non, mais c'est oui qui a été en lui. » Jésus n'a pas insisté sur Sa propre volonté mais est resté obéissant à Dieu jusqu'à Sa mort. Tout au long de Sa vie, Jésus n'est allé que là où Dieu voulait qu'Il aille et quand Dieu le voulait, et Il ne faisait que ce que Dieu voulait qu'Il fasse. À la fin, et bien qu'Il soit bien conscient de l'angoisse imminente de la croix, Il l'a portée afin d'accomplir la volonté du Père.

3) Les agneaux sont purs.

Un agneau dans notre propos est un agneau d'un an qui n'a pas encore été accouplé (Exode 12:5).Un agneau de cet âge-là peut être comparé à une personne pure et adorable dans sa jeunesse, ou à Jésus qui était sans reproche et sans défaut. Les agneaux nous donnent également de la laine, de la viande et du lait. Ils ne font aucun mal mais ne sont que tout bénéfice pour les êtres humains. Comme nous l'avons mentionné précédemment, Jésus a offert Sa chair et Son sang et s'est offert Lui-même pour nous sans rien retenir. En obéissance totale à Dieu le Père, Jésus a accompli la volonté de Dieu et a détruit le mur de péché qui séparait Dieu des pécheurs. Aujourd'hui encore, Il continue de cultiver continuellement nos cœurs afin qu'ils deviennent des terres pures et fertiles.

Tout comme les bœufs et les agneaux expiaient les péchés des hommes au temps de l'Ancien Testament, Jésus s'est offert Lui-même en sacrifice à la croix et a obtenu la rédemption éternelle par Son sang (Hébreux 9:12). Après avoir cru ce fait, nous devons continuer de chercher à comprendre de plus en plus clairement comment Jésus est devenu un sacrifice digne d'être accepté par Dieu. C'est alors que nous pourrons toujours rester reconnaissants pour l'amour et la grâce de Jésus-Christ et prendre exemple sur Sa vie.

Chapitre 3

L'holocauste

« Le sacrificateur brûlera le tout sur l'autel. C'est un holocauste, un sacrifice consumé par le feu, d'une agréable odeur à l'Eternel. »

Leviticus 1:9

1. La signification de l'holocauste

Le premier des sacrifices décrits dans le Lévitique, l'holocauste, est le plus ancien des sacrifices. L'étymologie du terme « holocauste » signifie « laisser s'élever ». Un holocauste est un sacrifice placé sur l'autel qui est complètement consumé par le feu. Il symbolise le sacrifice entier de l'homme, son dévouement et son service volontaire. L'holocauste et son parfum agréable à Dieu qui s'élève du sacrifice de l'animal en train d'être consumé est la méthode de sacrifice la plus courante et pointe vers le fait que Jésus a porté nos péchés et s'est offert Lui-même comme un sacrifice complet, devenant ainsi une offrande agréable à Dieu (Éphésiens 5:2).

Quand il est question du parfum qui est agréable à Dieu, cela ne signifie pas que Dieu sent l'odeur de l'animal offert mais, plutôt, qu'Il accepte le parfum du cœur de la personne qui Lui apporte cette offrande. Dieu considère à quel point une personne Le craint et avec quel genre d'amour cette personne Lui apporte son offrande. Il reçoit ensuite le dévouement et l'amour de la personne.

Abattre un animal pour l'offrir à Dieu en holocauste symbolise le fait de donner notre vie elle-même à Dieu et d'obéir à tout ce qu'Il nous commande. En d'autres termes, spirituellement parlant, l'holocauste signifie vivre entièrement selon la Parole de Dieu et Lui donner tous les aspects de nos vies d'une façon pure et sainte.

Aujourd'hui, il s'agit de l'expression du cœur de celui qui promet de donner sa vie à Dieu selon Sa volonté en participant aux cultes à Pâques, à la fête de la moisson, à la fête de la reconnaissance, à Noël et chaque dimanche. Adorer Dieu chaque dimanche et mettre le dimanche à part constitue une preuve du fait que nous sommes des enfants de Dieu et que nos esprits Lui appartiennent.

2. Un sacrifice pour l'holocauste

Dieu a ordonné que l'animal de l'holocauste soit « un mâle sans défaut », qui symbolise la perfection. Il veut des mâles car ils sont généralement plus fidèles à leurs principes que les femelles. Ils ne vacillent pas çà et là et de gauche à droite. Ils ne sont ni roublards ni hésitants. De plus, le fait que Dieu veut que le sacrifice soit « sans défaut » signifie qu'il faut L'adorer en esprit et en vérité et non pas avec un esprit brisé.

Lorsque nous apportons des dons à nos parents, ils les accepteront avec joie lorsque nous les présentons avec amour et prévenance. Par contre, si nous apportons un cadeau à contrecœur, nos parents ne l'accepteront pas avec joie. De la même façon, Dieu n'acceptera pas le culte offert sans joie ou avec fatigue, somnolence ou des pensées vaines. Il se fera un plaisir d'accepter notre adoration lorsque, dans le plus profond de nos cœurs, nous sommes remplis de l'espoir du ciel, de reconnaissance pour la grâce du salut et d'amour pour Notre Seigneur. Ce n'est qu'alors que Dieu nous donnera le moyen de nous en sortir lors des temps de tentation et d'afflictions et nous permettra de prospérer.

Lorsqu'en Lévitique 1:5 Dieu ordonne d'offrir un « jeune taureau », il faut comprendre un jeune taureau qui n'a pas encore été accouplé, ce qui spirituellement nous parle de la pureté et de l'intégrité de Jésus-Christ. Nous retrouvons donc dans ce verset la volonté de Dieu qui veut que nous nous présentions devant Lui avec le cœur pur et sincère d'un enfant. Ce n'est pas qu'Il veuille que nous nous comportions de façon enfantine ou immature, mais plutôt qu'Il désire que nous ayons un cœur d'enfant : simple, obéissant et humble.

Les cornes du jeune taureau n'ont pas encore poussé, de sorte qu'il ne donne pas de coups de cornes et est sans méchanceté. Ces caractéristiques sont aussi celles de Jésus-Christ qui est aussi doux, humble et tendre qu'un enfant. Puisque Jésus-Christ est le Fils parfait et sans tâche de Dieu, le sacrifice qui Lui est comparé doit également être parfait et sans tâche.

Dans Malachie 1:6-8, Dieu réprimande sévèrement le peuple d'Israël qui Lui a apporté des sacrifices gâtés et imparfaits :

« Un fils honore son père, et un serviteur son maître. Si je suis père, où est l'honneur qui m'est dû ? Si je suis maître, où est la crainte qu'on a de moi ? Dit l'Eternel des armées à vous, sacrificateurs, qui méprisez mon nom, Et qui dites: En quoi avons-nous méprisé ton nom ? Vous offrez sur mon autel des aliments impurs, Et vous dites: En quoi t'avons-nous profané ? C'est en disant: La table de l'Eternel est méprisable! Quand vous offrez en sacrifice une bête aveugle, n'est-ce pas mal ? Quand vous en offrez une boiteuse ou infirme, n'est-ce pas mal ? Offre-la donc à ton gouverneur! Te recevra-t-il bien, te fera-t-il bon accueil ? Dit l'Eternel des armées. »

Nous devons apporter à Dieu un sacrifice irréprochable, parfait et sans tache en L'adorant en esprit et en vérité.

3. La signification pour différents types d'offrandes

Le Dieu de justice et de miséricorde sonde le cœur de l'homme. Il ne s'intéresse pas tellement à la taille, à la valeur ou au coût du sacrifice, mais bien à la mesure de prévenance avec laquelle chaque personne a apporté son offrande par la foi et en fonction de ses circonstances. Il nous dit dans 2 Corinthiens 9:7 : « Que chacun donne comme il l'a résolu en son cœur, sans tristesse ni contrainte;

car Dieu aime celui qui donne avec joie. » Dieu accepte avec plaisir les offrandes que nous Lui apportons avec joie en fonction de nos circonstances.

Dans Lévitique 1, Dieu explique avec beaucoup de détails comment les jeunes taureaux, agneaux, chèvres et oiseaux doivent être offerts. Si les jeunes taureaux sans défauts sont les animaux les plus appropriés à l'holocauste, certaines personnes ne peuvent financièrement pas s'en procurer. C'est pourquoi, dans Sa miséricorde et Sa compassion, Dieu a permis au peuple de Lui offrir des agneaux, des chèvres ou des colombes, en fonction des circonstances et des conditions de chaque individu. Quelle est la signification spirituelle de cela ?

1) Dieu accepte les offrandes présentées en fonction des moyens de chaque personne

Les capacités financières et les circonstances diffèrent d'une personne à l'autre : une petite somme pour certains peut être une grosse somme pour d'autres. C'est pourquoi, Dieu accepte avec plaisir les agneaux, chèvres ou colombes qui Lui sont offerts selon les ressources de chaque personne. Dans Son amour et Sa justice, Dieu permet à chacun, riche ou pauvre, de participer selon ses moyens.

Dieu n'agréera pas une chèvre offerte par une personne qui pouvait se permettre d'offrir un taureau. Par contre, Il acceptera volontiers et répondra rapidement aux désirs du cœur de la personne qui Lui a offert un taureau alors qu'offrir un agneau correspondait plus à ce qu'elle pouvait se permettre. Cependant, qu'il s'agisse d'un taureau, d'un agneau ou d'une colombe, Dieu affirme à chaque reprise qu'il s'agit d'une « odeur agréable » (Lévitique 1:9, 13, 17). Cela implique que, bien qu'il y ait une différence dans la taille de l'offrande apportée, si nous apportons notre offrande à Dieu du plus profond de notre cœur, Dieu, qui sonde les cœurs, considère qu'il n'y a pas de différence entre ces sacrifices et qu'ils sont tous d'une odeur qui Lui est agréable.

Dans Marc 12:41-44, nous retrouvons une scène dans laquelle Jésus loue l'attitude d'une pauvre veuve en train d'apporter une offrande. Les deux petites pièces de cuivre qu'elle apporte constituent la plus petite unité monétaire de l'époque mais, pour elle, c'était tout ce qu'elle avait. Peu importe la petite taille d'une offrande, lorsque nous apportons joyeusement à Dieu ce que nous avons de mieux selon nos moyens, cela devient une offrande qui Lui est agréable.

2) Dieu accepte l'adoration en fonction des capacités intellectuelles de chaque personne.

Lorsque nous écoutons la Parole de Dieu, ce que nous comprenons et la grâce que nous recevons varient selon les capacités intellectuelles, le contexte éducatif et les connaissances de chaque individu. Même durant le même culte, des gens moins intelligents ou qui ont passé moins de temps à étudier comprendront et retiendront moins la Parole de Dieu que ceux qui sont plus brillants et ont étudié davantage. Dieu, qui sait cela, veut que chaque personne L'adore selon ses capacités intellectuelles du plus profond de son cœur et comprenne la Parole de Dieu et la vive.

3) Dieu accepte l'adoration en tenant compte de l'âge et des facultés mentales de chaque personne.

Plus nous vieillissons, plus notre mémoire et notre capacité à comprendre s'amenuisent. C'est pour cette raison que bien des personnes âgées ont des difficultés à comprendre et à retenir la Parole de Dieu. Cependant, si ces personnes se consacrent à l'adoration d'un cœur sincère, Dieu, qui connaît les circonstances de chacun, agréera leur culte avec joie.

Il ne faut par ailleurs pas oublier que lorsqu'une personne rend un culte à Dieu sous l'inspiration du Saint-Esprit, la puissance de Dieu sera avec cette personne même si elle manque de sagesse ou de connaissance ou si elle est avancée en âge. Grâce au Saint-Esprit, Dieu permet à ces personnes de comprendre et de faire leur pain de la Parole. N'abandonnez donc pas en vous disant : « Je n'y arrive pas » ou « j'ai essayé mais en vain », mais assurez-vous de faire tous vos efforts du plus profond de votre cœur et de rechercher la puissance de Dieu. Notre Dieu d'amour accepte avec joie les offrandes qui Lui sont présentées en fonction des efforts, des circonstances et des conditions de chaque personne. C'est pourquoi Il a décrit avec autant de détails les holocaustes dans le Lévitique et a proclamé Sa justice.

4. Le sacrifice de taureaux (Lévitique 1:3-9)

1) Les jeunes taureaux sans défaut à l'entrée de la Tente de la Rencontre

Le Lieu Saint et le Lieu Très Saint se trouvent dans le périmètre du tabernacle. Seul les sacrificateurs pouvaient entrer dans le Lieu Saint et seul le souverain sacrificateur pouvait entrer dans le Lieu Très Saint, et ce uniquement une fois l'an. C'est pour cette raison que les gens ordinaires, incapables d'entrer dans le Lieu Saint, pouvaient offrir des holocaustes de jeunes taureaux à l'entrée de la Tente de la Rencontre.

Toutefois, comme Jésus a détruit le mur de péché qui se tenait entre Dieu et nous, nous pouvons maintenant jouir d'une communion directe et intime avec Dieu. Les personnes du temps de l'Ancien Testament apportaient leurs offrandes à l'entrée de la Tente de la Rencontre avec leurs œuvres. Cependant, étant donné que le Saint-Esprit a fait de nos cœurs Son temple, qu'Il y demeure et est en communion avec nous aujourd'hui, nous, qui vivons au temps du Nouveau Testament avons obtenu le droit de nous présenter devant Dieu dans le Lieu Très Saint.

2) Poser la main sur la tête de l'animal sacrifié pour lui transférer le péché avant de l'abattre

Dans Lévitique 1:4 et suivant, nous pouvons lire : « Il posera sa main sur la tête de l'holocauste, qui sera agréé de l'Eternel, pour lui servir d'expiation. Il égorgera le veau devant l'Eternel. » Poser sa main sur la tête de l'animal offert symbolise le transfert des péchés de la personne vers l'animal. Ce n'est qu'alors que Dieu octroie le pardon du péché par le sang de l'holocauste.

Par ailleurs, ce geste est également symbole de bénédictions et d'onction. Nous savons que Jésus a posé Sa main sur eux lorsqu'Il a béni les enfants ou a guéri les malades et les infirmes. En imposant les mains, les apôtres transmettaient le Saint-Esprit pour que les personnes puissent le recevoir et les dons devenaient ainsi encore plus abondants. En outre, le fait de poser sa main sur un objet signifie que cet objet est offert à Dieu. Lorsqu'un ministre du culte pose sa main sur diverses offrandes, cela montre qu'elles ont été données à Dieu.

Les bénédictions avec le Notre Père à la fin du culte, d'une réunion de prière ou de toutes autres réunions ont pour but de demander à Dieu de recevoir avec joie nos cultes ou réunions. Dans Lévitique 9:22-24, nous retrouvons une scène durant laquelle le souverain sacrificateur Aaron « leva ses mains vers le peuple, et il le bénit » après avoir présenté à Dieu le péché et les holocaustes selon ce que Dieu avait ordonné. Lorsque nous avons consacré le Jour du Seigneur et avons terminé le culte par une bénédiction, Dieu nous protège de l'ennemi diable et Satan, ainsi que des tentations et afflictions, et Il nous permet de connaître une abondance de bénédictions.

Que signifie le fait de tuer un jeune taureau sans défaut pour l'offrir en holocauste ? Puisque le salaire du péché est la mort, les hommes devaient tuer un animal en substitut. Un jeune taureau qui n'a pas encore été accouplé est adorable comme un enfant innocent. Dieu a voulu que les personnes qui lui offriraient des holocaustes le fassent avec le cœur d'un enfant innocent et ne commettent plus jamais de péchés. C'est pour cela qu'il a voulu que chaque personne se repente de ses péchés et mette de l'ordre dans son cœur.

L'apôtre Paul était bien conscient de ce que Dieu voulait, et c'est pour cela qu'après avoir reçu le pardon des péchés et l'autorité et la puissance d'un enfant de Dieu, il déclare : « chaque jour je meurs ». Il admet dans 1 Corinthiens 15:31 : « Chaque jour je meurs, mes frères, aussi vrai que vous êtes ma fierté en Jésus-Christ, notre Seigneur » (Nouvelle Bible Segond).Nous ne pouvons, en effet, offrir nos corps à Dieu comme des sacrifices saints et vivants qu'après avoir vaincu tout ce qui s'oppose à Dieu, y compris le cœur de contrevérités, l'arrogance, la cupidité, les systèmes basés sur nos propres pensées, notre attitude moralisatrice et toutes autres choses mauvaises.

3) Le sang est aspergé par le sacrificateur tout autour de l'autel

Après avoir abattu le jeune taureau sur lequel ont été transférés les péchés de la personne qui apporte le sacrifice, le sacrificateur asperge de sang tous les alentours de l'autel qui se trouve à l'entrée de la Tente de la Rencontre. En effet, le sang symbolise la vie, comme nous pouvons le lire dans Lévitique 17:11 qui dit : « Car la vie de la chair est dans le sang. Je vous l'ai donné sur l'autel, afin qu'il serve d'expiation pour vos âmes, car c'est par la vie que le sang fait l'expiation. » C'est pour cette raison également que Jésus a versé Son sang pour nous racheter du péché.

Le fait que le sang soit aspergé tout autour de l'autel nous parle des quatre points cardinaux : l'est, l'ouest, le nord et le sud, ou, autrement dit, partout où l'homme va. Cette aspersion du sang autour de l'autel nous parle du fait que les péchés des hommes sont pardonnés partout où il va. Nous recevons, donc, le pardon des péchés commis peu importe où nous étions et nous recevons une instruction quant à la direction que Dieu veut que nous prenions et aux directions que nous devons absolument éviter.

Le même concept s'applique aujourd'hui. L'autel est la chaire d'où la Parole de Dieu est proclamée et le serviteur du Seigneur qui préside le culte joue le rôle du sacrificateur qui asperge de sang. Durant les cultes, nous entendons la Parole de Dieu et, par la foi et la puissance du sang de Notre Seigneur, nous recevons le pardon pour tout ce que nous avons fait de contraire à la volonté de Dieu. Lorsque nous sommes pardonnés de nos péchés par le sang, nous ne devons aller que là où Dieu veut que nous allions, et ce afin de rester toujours éloignés du péché.

4) Retirer la peau de l'animal offert en holocauste et le couper en morceaux

L'animal offert en holocauste doit être écorché avant d'être entièrement consumé par le feu. La peau des animaux est robuste, difficile à brûler complètement. De plus, lorsqu'elle brûle, elle émet une odeur fétide. Ainsi, pour qu'un animal soit une offrande d'une odeur agréable, il fallait qu'il soit d'abord écorché. À quel aspect des cultes modernes pouvons-nous comparer cette procédure ? Dieu sent l'odeur de la personne qui L'adore et Il n'accepte rien qui ne soit parfumé. Pour que l'adoration émette un arôme agréable à Dieu, il nous faut rejeter les apparences tachées par le monde et nous présenter devant Dieu avec piété et sainteté. Tout au long de nos vies, nous traversons divers aspects de la vie qui ne peuvent pas être considérés comme des péchés devant Dieu mais qui sont loin d'être pieux ou saints. Ces apparences du monde qui étaient déjà en nous avant notre vie en Christ peuvent parfois encore persister et peuvent parfois entraîner de l'extravagance, de la vanité ou de l'orgueil.

Par exemple, certaines personnes aiment se rendre dans les marchés ou dans les grands magasins pour faire du « lèche-vitrines », et donc ils y vont et font les magasins par habitude. D'autres ne peuvent se passer des jeux vidéo ou de la télévision. Si nos cœurs sont détournés par de telles choses, nous nous éloignerons de l'amour de Dieu. De plus, si nous nous examinons nous-mêmes, nous pourrons trouver des apparences de mensonges tâchées par le monde ou qui sont imparfaites aux yeux de Dieu. Pour être parfaits devant Dieu, nous devons abandonner toutes ces choses. Lorsque nous venons dans Sa présence pour L'adorer, nous devons commencer par nous repentir de ces aspects mondains de la vie. C'est alors que nos cœurs deviendront de plus en plus pieux et saints.

Se repentir des apparences pécheresses, impures et imparfaites à cause des taches du monde avant un culte peut être assimilé à l'écorchage de l'animal avant l'holocauste. Pour ce faire, nous devons arriver tôt assez aux cultes pour préparer nos cœurs pour qu'ils soient purs. Assurez-vous d'élever vers Dieu une prière de reconnaissance pour Son pardon de tous vos péchés, Sa protection et de faire une prière de repentance alors que vous vous examinez vous-même.

Lorsqu'une personne offrait à Dieu des animaux écorchés, dépecés et brûlés, Dieu répondait en octroyant à la personne le pardon de ses transgressions et de ses péchés et permettait au sacrificateur d'utiliser les peaux restantes comme bon lui semblait. Par dépeçage, il faut comprendre l'amputation de la tête, des jambes, flancs et pattes de derrière de l'animal qui séparent ses entrailles.

Lorsque nous servons des fruits comme des pastèques à nos aînés, nous ne leur donnons pas simplement le fruit tel quel mais nous l'épluchons et essayons de bien le présenter. De même, quand nous apportons des sacrifices à Dieu, nous ne brûlons pas toute l'offrande mais nous la présentons d'une façon belle et bien disposée.

Quelle est donc la signification spirituelle de ce dépeçage ?

Nous avons tout d'abord différentes catégories de cultes offerts à Dieu. En plus des cultes de Dimanche matin et de Dimanche soir, il y a également une réunion le Mercredi soir et toute la nuit du Vendredi. Cette diversité de réunions s'assimile à « couper en morceaux » le sacrifice.

Par ailleurs, la variété de contenus de nos prières peut également s'assimiler au fait de « couper en morceaux » le sacrifice. Généralement, le temps de prière est constitué de prières de repentance, qui se suivent de prière pour chasser des esprits mauvais. Viennent ensuite des prières de reconnaissance. Après tout cela, nous passons à des sujets spécifiques à l'église : la construction du Sanctuaire, les pasteurs et les ouvriers de l'église, le pouvoir d'accomplir notre devoir, la prospérité des âmes, les désirs du cœur des gens. Nous terminons par une prière de clôture.

Bien sûr, nous pouvons également prier en marchant dans la rue, en conduisant ou lors de la pause au travail. Nous pouvons jouir de moments de communion dans la tranquillité en pensant à Dieu et à notre Seigneur. N'oublions pas qu'en plus de temps de méditation, avoir des temps où l'on mentionne les sujets de prière un par un est aussi important que le fait de découper l'offrande en morceaux. Dieu agréera alors avec joie notre prière et répondra rapidement.

En outre, « couper en morceaux » le sacrifice nous parle du fait que la Parole de Dieu dans son ensemble est divisée en 66 livres. Ces 66 livres de la Bible montrent l'unité du Dieu vivant et la providence du salut en Jésus-Christ. La Parole de Dieu est, en effet, divisée en livres individuels et Sa Parole dans chacun de ces livres est harmonisée sans qu'il n'y ait d'écarts entre eux. Le fait que la Parole de Dieu soit divisée en plusieurs catégories permet à la volonté de Dieu d'être transmise de façon beaucoup plus systématique. Cela nous permet d'en faire notre pain plus facilement.

De plus, et c'est le point le plus important, ce « dépeçage » de l'animal offert en sacrifice nous parle du culte lui-même, qui est composé de plusieurs éléments. Nous commençons par une prière de repentance juste avant le début du culte, laquelle est suivie du premier élément : un court moment de méditation qui nous prépare et lance la réunion. Le culte se termine soit par le Notre Père, soit par une bénédiction. L'espace entre les deux est rempli par la proclamation de la Parole de Dieu, des prières d'intercession, un

L'holocauste • 57

temps de louange, des lectures bibliques, les offrandes, entre autres éléments. Chaque élément a une signification propre et organiser le culte selon un ordre spécifique revient au dépeçage de l'animal sacrifié. Tout comme la combustion de tous les morceaux de l'animal sacrifié vient conclure l'holocauste, nous devons également nous consacrer entièrement au culte du début à la fin. Les participants ne devraient ni arriver en retard, ni se lever pour partir durant le culte ou s'occuper de problèmes personnels, sauf si c'est absolument nécessaire. Il doit y avoir des personnes spécifiques pour remplir des tâches spécifiques de l'église, comme le bénévolat ou le service dans l'équipe d'accueil, et dans ces cas il est permis de quitter sa chaise avant la fin. Parfois, les gens peuvent vraiment avoir le désir d'être à l'heure aux réunions de Mercredi soir ou de la nuit de Vendredi mais arrivent en retard à cause du travail ou d'autres circonstances inévitables. Dans ces cas, Dieu considérera tout de même leur cœur et recevra le parfum de leur adoration.

5) Le sacrificateur allume le feu de l'autel et arrange le bois pour le feu

Après avoir dépecé l'animal, le sacrificateur doit arranger tous les morceaux sur l'autel et y mettre le feu. C'est pourquoi le sacrificateur est chargé « d'allumer le feu de l'autel et d'arranger le bois sur le feu ». Ici, le « feu » symbolise spirituellement le feu du Saint-Esprit et « le bois pour le feu » fait référence aux contexte et contenus de la Bible. Chaque parole des 66 livres de la Bible doit être utilisée comme du bois pour le feu. Le fait d'arranger le bois sur le feu nous parle spirituellement de faire du pain spirituel de chaque parole de la Bible grâce à l'œuvre du Saint-Esprit.

Par exemple, dans Luc 13:33, Jésus déclare : « Il ne convient pas qu'un prophète périsse hors de Jérusalem. » Essayer de comprendre ce verset de façon littérale serait vain car nous savons que bon nombre de serviteurs de Dieu, comme les apôtres Paul et Pierre, sont morts « hors de Jérusalem ». Dans ce verset, « Jérusalem » ne fait pas référence à la ville physique, mais à une ville selon le cœur et la volonté de Dieu, soit la « Jérusalem Spirituelle », qui représente la Parole de Dieu. Donc, « il ne convient pas qu'un prophète périsse hors de Jérusalem » peut faire référence au fait que le prophète vit et meurt à l'intérieur des limites de la Parole de Dieu.

Comprendre ce que nous lisons dans la Bible et que nous entendons durant les prédications n'est possible que grâce à l'inspiration du Saint-Esprit. Tous les passages de la Parole de Dieu qui dépassent l'entendement, les pensées et les spéculations humaines peuvent être compris grâce à l'inspiration du Saint-Esprit et nous pouvons alors croire la Parole du plus profond de nos cœurs. En résumé, nous ne grandissons spirituellement que lorsque nous avons compris la Parole de Dieu grâce à l'œuvre et à l'inspiration du Saint-Esprit, ce qui permet au cœur de Dieu de nous être transmis et de prendre racine dans nos cœurs.

6) Arranger les morceaux, la tête et le suif sur le bois de l'autel embrasé

Lévitique 1:8 nous apprend : « Les sacrificateurs, fils d'Aaron, poseront les morceaux, la tête et la graisse sur le bois mis au feu sur l'autel. » Pour l'holocauste, le sacrificateur doit arranger les morceaux qui ont été coupés, ainsi que la tête et le suif.

Brûler la tête de l'offrande symbolise la combustion de toutes les pensées de contrevérités qui viennent de notre tête. Cela parce que nos pensées viennent de notre tête et que la plupart des péchés commencent dans la tête. Les gens de ce monde ne condamneront pas quelqu'un comme pécheur si son péché n'est pas manifesté en actions. Cependant, comme nous le lisons dans 1 Jean 3:15 : « Quiconque hait son frère est un meurtrier », Dieu appelle le simple fait d'abriter de la haine comme étant déjà un péché.

Jésus nous a rachetés de nos péchés il y a 2 000 ans. Il nous a rachetés non seulement des péchés que nous commettons avec nos mains et nos pieds, mais également de ceux que nous commettons dans notre tête. Les mains et les pieds de Jésus ont été cloués afin de nous racheter des péchés que nous commettons avec nos mains et nos pieds et Il a porté la couronne d'épines pour nous racheter des péchés que nous commettons dans nos pensées et qui proviennent de nos têtes. Comme nous avons déjà été pardonnés des péchés que nous commettons dans nos pensées, nous n'avons pas besoin d'offrir à Dieu la tête d'un animal en offrande. Plutôt que d'offrir la tête d'un animal, nous devons brûler nos pensées par le feu de l'Esprit Saint en rejetant les pensées de contrevérités et en pensant en tout temps à des vérités.

Lorsque nous abritons la vérité en tout temps, nous n'abriterons plus ni de pensées mauvaises, ni de pensées vaines. Lorsque le Saint-Esprit conduit le peuple à abandonner les pensées vaines pour se concentrer sur le message et le graver dans les cœurs durant les cultes d'adoration, les chrétiens sont en mesure d'offrir à Dieu une adoration spirituelle qu'Il agrée.

En outre, le suif, qui est la graisse dure d'un animal, est la source de l'énergie et de la vie. Jésus est devenu un sacrifice, même au point de verser tout Son sang et Son eau Lorsque nous croyons en Jésus comme notre Seigneur, nous n'avons plus besoin d'offrir à Dieu le suif d'animaux.

Pourtant, « croire au Seigneur » ne signifie pas uniquement

que l'on confesse des lèvres : « Je crois ». Si nous croyons vraiment que le Seigneur nous a rachetés du péché, nous devons abandonner le péché, être transformés par la Parole de Dieu et mener une vie sainte. Même durant les cultes, nous devons concentrer toute notre énergie, soit notre corps, notre cœur, notre volonté et tous nos efforts, pour offrir à Dieu des cultes spirituels. La personne qui concentre toute son énergie pour adorer ne fera pas que de simplement stocker la Parole de Dieu dans sa tête, mais elle l'accomplira dans son cœur. Ce n'est que lorsque la Parole de Dieu s'accomplit dans le cœur d'une personne qu'elle devient vie, force et bénédiction dans l'esprit et dans la chair.

7) Le sacrificateur lave à l'eau les entrailles et les jambes et offre toute l'offrande sur l'autel

Bien que d'autres pièces soient offertes telles quelles, Dieu ordonne que les entrailles et les jambes, soit les morceaux sales de l'animal, soient lavées avec de l'eau avant d'être offertes. « Laver avec de l'eau » symbolise la purification des impuretés de la personne qui apporte l'offrande. Quelles impuretés faut-il laver ? Si les gens du temps de l'Ancien Testament lavaient l'offrande de ses impuretés, ceux du temps du Nouveau Testament doivent laver les impuretés de leurs cœurs.

Dans Matthieu 15, nous retrouvons une scène durant laquelle les Pharisiens et les scribes réprimandent les disciples de Jésus qui mangent avec des mains sales. Jésus leur répond alors : « Ce n'est pas ce qui entre dans la bouche qui souille l'homme; mais ce qui sort de la bouche, c'est ce qui souille l'homme » (v. 11). Les effets de ce qui entre par la bouche s'arrêtent lorsque nous excrétons, mais ce qui sort de la bouche vient du cœur et a des effets qui perdurent. Jésus continue donc aux versets 19-20 : « Car c'est du cœur que viennent les mauvaises pensées, les meurtres, les adultères, les débauches, les vols, les faux témoignages, les calomnies. Voilà les choses qui souillent l'homme; mais manger sans s'être lavé les mains, cela ne souille point l'homme. » Il nous faut donc nous laver du péché et du mal de notre cœur grâce à la Parole de Dieu.

Plus la Parole de Dieu entre dans nos cœurs, plus le péché et le mal seront éliminés et plus nous en serons purifiés. Par exemple, si une personne fait son pain de l'amour et en vit, la haine sera éliminée. Si une personne fait de l'humilité son pain, l'arrogance sera chassée. Si une personne fait son pain de la vérité, le mensonge et la tromperie disparaîtront. Plus nous faisons notre pain de la vérité et en vivons, plus nous pourrons prendre le dessus sur la nature pécheresse. Évidemment, la foi d'une telle personne grandira progressivement et atteindra la mesure de la stature de la plénitude de Christ. La puissance et l'autorité de Dieu accompagneront cette personne selon le niveau de sa foi. Elle recevra non seulement les désirs de son cœur, mais connaîtra également des bénédictions dans tous les domaines de sa vie.

Ce n'est qu'après que les entrailles et les jambes ont été lavées et placées sur le feu qu'elles donneront un arôme apaisant. Lévitique 1:9 décrit cela comme « un sacrifice consumé par le feu, d'une agréable odeur à l'Eternel. » Lorsque nous offrons à Dieu des cultes spirituels en esprit et en vérité conformément à Sa Parole sur les holocaustes, ce culte sera le sacrifice par le feu que Dieu agréera et qui débloquera les réponses. Notre cœur d'adoration sera d'une agréable odeur devant Dieu et, s'Il en est heureux, Il nous octroiera la prospérité dans tous les aspects de notre vie.

5. Le sacrifice de moutons ou de chèvres (Lévitique 1:10-13)

1) Un agneau ou chevreau sans défaut

Tout comme pour l'offrande des taureaux, lorsqu'il s'agit d'un mouton ou d'une chèvre, l'animal offert doit être un jeune mâle sans défaut. En termes spirituels, cette offrande sans défaut symbolise l'adoration devant Dieu d'un cœur parfait et marquée par la joie et la reconnaissance. Le commandement de Dieu d'offrir un animal mâle nous parle d'adorer d'un cœur résolu et sans hésitation. Si l'offrande peut varier selon les circonstances financières de chaque personne, l'attitude de la personne qui apporte l'offrande doit toujours être sainte et parfaite, et ce quelle que soit l'offrande.

2) L'animal offert doit être abattu du côté nord de l'autel, puis le sacrificateur doit asperger de sang les quatre côtés de l'autel

Comme avec l'offrande de taureaux, l'aspersion du sang de l'animal de chaque côté de l'autel symbolise le fait de recevoir le pardon des péchés commis partout : à l'est, à l'ouest, au nord et au sud. Dieu a permis que l'expiation ait lieu par le sang de l'animal qui Lui est offert en substitut de celui de l'homme.

Pourquoi Dieu a-t-Il ordonné que l'animal soit tué du côté nord de l'autel ? « Le nord» ou « le côté nord» symbolisent spirituellement le froid et l'obscurité. Il s'agit d'une expression souvent utilisée pour désigner une chose par rapport à laquelle Dieu veut sévir ou réprimander et qui ne Lui est pas agréable.

Dans Jérémie 1:14-15, il est écrit :

« Et l'Eternel me dit: C'est du septentrion que la calamité se répandra sur tous les habitants du pays. Car voici, je vais appeler tous les peuples des royaumes du septentrion, dit l'Eternel; ils viendront, et placeront chacun leur siège à l'entrée des portes de

Jérusalem, contre ses murailles tout autour, et contre toutes les villes de Juda. »

Et, dans Jérémie 4:6 Dieu nous dit : « Elevez une bannière vers Sion, fuyez, ne vous arrêtez pas! Car je fais venir du septentrion le malheur et un grand désastre. » Comme nous le voyons dans la Bible, le « nord » parle de discipline et de réprimandes de Dieu, et en tant que tel, l'animal vers lequel ont été transférés tous les péchés de l'homme doit être mis à mort « du côté nord », comme symbole de malédiction.

3) L'offrande est découpée en morceaux et sa tête et la graisse sont arrangées sur le bois, les entrailles et les jambes sont lavées à l'eau, et le tout est offert sur l'autel et s'élève en fumée

Tout comme pour l'holocauste des taureaux, l'holocauste d'un mouton ou d'une chèvre peut également être offert à Dieu pour obtenir le pardon des péchés que nous commettons avec nos têtes, nos mains ou nos pieds. L'Ancien Testament est comme l'ombre et le Nouveau Testament est la forme. Dieu veut que le pardon de nos péchés ne soit pas basé sur nos œuvres, mais bien sur nos cœurs circoncis et vivants selon Sa Parole. Nous devons offrir des cultes spirituels avec tout notre corps, tout notre cœur et toute notre volonté et faire notre pain de la Parole de Dieu grâce à l'inspiration du Saint-Esprit qui nous permet de rejeter les contrevérités et de vivre selon la vérité.

6. Le sacrifice d'oiseaux (Lévitique 1:14-17)

1) Une tourterelle ou un jeune pigeon

Les tourterelles sont les plus doux et intelligents de tous les oiseaux, et elles obéissent bien aux humains. Comme leur viande est tendre et qu'elles offrent généralement de nombreux avantages aux hommes, Dieu a ordonné que des tourterelles ou de jeunes pigeons soient offerts. Dieu a voulu que de jeunes tourterelles soient offertes car Il voulait recevoir des offrandes douces et pures. Ces caractéristiques des jeunes tourterelles sont symboliques de l'humilité et de la douceur de Jésus qui s'est sacrifié.

2) Le sacrificateur apporte l'offrande à l'autel, lui tord le cou, lui arrache les ailes mais ne la découpe pas. Le sacrificateur l'offre sur l'autel pour être consumée et son sang est drainé sur le côté de l'autel.

Comme les jeunes tourterelles sont très petites, elles ne peuvent être tuées et dépecée et seule une petite quantité de sang peut être versé. C'est pourquoi, contrairement aux autres animaux qui sont tués du côté septentrional de l'autel, leur tête est serrée et leur sang en est drainé. C'est à ce moment également que l'on pose la main sur la tête de la tourterelle. Bien que les environs de l'autel doivent être aspergés du sang de l'offrande, la cérémonie d'expiation n'a lieu que lors du drainage du sang sur le côté de l'autel parce que les tourterelles n'ont pas beaucoup de sang.

De plus, à cause de sa petite taille, si l'on dépeçait la tourterelle sa forme deviendrait méconnaissable. C'est pourquoi on se contentait d'arracher les ailes, mais sans les abîmer. En effet, la vie des oiseaux est dans leurs ailes. Le fait d'arracher les ailes de la tourterelle symbolise l'être humain qui s'est entièrement abandonné à Dieu et Lui a donné sa vie.

3) Le jabot de l'offrande et ses plumes sont rejetés à l'est de l'autel du côté des cendres.

Avant de mettre le feu au sacrifice, le jabot et les plumes de l'oiseau sont enlevés. Contrairement aux entrailles des taureaux, des agneaux et des chèvres qui ne sont pas jetées mais mises au feu après avoir été lavées avec de l'eau, Dieu a permis que le jabot étroit et les entrailles des tourterelles soient enlevés car il aurait été difficile de les laver. Tout comme pour le lavage des parties impures des taureaux et des agneaux, le rejet du jabot et des plumes de la tourterelle symbolise la purification de nos cœurs impurs et de notre conduite passée dans le péché et le mal en adorant Dieu en esprit et en vérité.

Le jabot et les plumes de la tourterelle doivent être rejetés à l'est de l'autel du côté des centres. Or, nous pouvons lire dans Genèse 2:8 que Dieu « planta un jardin en Eden, du côté de l'orient ». La signification spirituelle de « l'orient » est celle d'un espace entouré de lumière. Même sur la terre où nous vivons, c'est à l'est que le soleil se lève et, lorsqu'il se lève, les ténèbres de la nuit disparaissent.

Que représente le fait de devoir rejeter le jabot et les plumes de la tourterelle à l'est de l'autel ?

Cela représente notre comparution devant le Seigneur, qui est Lumière, après avoir rejeté les impuretés du péché et du mal et offert à Dieu un holocauste. Nous pouvons d'ailleurs lire dans Éphésiens 5:13 : « tout ce qui est réprouvé apparaît en pleine lumière, car tout ce qui est ainsi manifesté est lumière. » Nous rejetons l'impureté du péché et du mal dont nous prenons conscience et devenons des enfants de Dieu et nous nous présentons devant la Lumière. Ainsi, rejeter les impuretés de l'offrande vers l'est symbolise spirituellement la façon dont nous, qui avons vécu au milieu d'impuretés spirituelles (le péché et le mal), rejetons le péché et devons des enfants de Dieu.

Les holocaustes de taureaux, d'agneaux, de chèvres et d'oiseaux nous permettent de comprendre l'amour et la justice de Dieu. Il a établi les holocaustes parce qu'Il voulait que le peuple d'Israël vive chaque moment en communion directe et intime avec Lui, et ce en Lui apportant continuellement ces holocaustes. J'espère qu'en vous souvenant de cela vous adorerez en esprit et en vérité, ce qui va au-delà du fait de consacrer le Jour du Seigneur, et offrirez à Dieu le parfum agréable de votre cœur 365 jours par an. C'est alors que notre Dieu, qui nous fait la promesse : « Fais de l'Eternel tes délices, et il te donnera ce que ton cœur désire » (Psaumes 37:4), nous couvrira de prospérité et de merveilleuses bénédictions où que nous allions.

Chapitre 4

L'offrande en don

« Lorsque quelqu'un fera à l'Eternel une offrande en don, son offrande sera de fleur de farine; il versera de l'huile dessus, et il y ajoutera de l'encens. »

Lévitique 2:1

1. La signification de l'offrande en don

Lévitique 2 décrit l'offrande en don et la façon dont elle doit être présentée à Dieu afin d'être un sacrifice vivant et saint qui Lui soit agréable.

Nous pouvons lire dans Lévitique 2:1 : « Lorsque quelqu'un fera à l'Eternel une offrande en don, son offrande sera de fleur de farine; il versera de l'huile dessus, et il y ajoutera de l'encens. » L'offrande en don est une offrande présentée à Dieu et constituée de fleur de farine. Il s'agit d'une offrande de reconnaissance au Dieu qui a donné la vie et pourvoit à notre pain quotidien. Aujourd'hui, cela se rapporte à l'offrande de reconnaissance du culte de Dimanche que nous élevons à Dieu qui nous a protégés durant la semaine écoulée.

Dans le système sacrificiel, il était nécessaire que le sang d'animaux tels que le taureau ou l'agneau, soit versé en sacrifice pour le péché. Cela parce que le pardon de nos péchés par l'effusion du sang d'un animal garantit que nos prières et supplications arrivent jusqu'au Dieu saint. Cependant, une offrande en don est une offrande de reconnaissance qui ne nécessite généralement pas d'être jointe à une effusion de sang et elle est souvent apportée avec un holocauste. Les gens offraient leurs premiers fruits et d'autres choses qu'ils avaient récoltées comme offrande en don à Dieu qui leur a donné ces graines à semer, la nourriture et les a protégés jusqu'au temps de la récolte.

On offrait généralement de la farine lors de l'offrande en don. De la farine, du pain cuit au four et des graines fraîchement mûries étaient utilisées et toutes les offrandes étaient assaisonnées d'huile et de sel, puis on y ajoutait de l'encens. Ensuite, une partie de l'offrande était offerte sur l'autel et s'élevait vers Dieu en un arôme agréable.

Nous pouvons lire dans Exode 40:29 : « Il plaça l'autel des holocaustes à l'entrée du tabernacle, de la tente d'assignation; et il y offrit l'holocauste et l'offrande, comme l'Eternel l'avait ordonné à Moïse. » Dieu a ordonné qu'une offrande en don soit présentée en même temps que les holocaustes. Autrement dit, nous n'aurons offert à Dieu un culte spirituel que lorsque nous lui aurons apporté nos offrandes de reconnaissance durant les cultes de Dimanche.

L'étymologie d'une « offrande en don » est « offrande » et « don ». Dieu ne veut pas de gens qui participent à des cultes les mains vides, mais bien de gens qui démontrent en actions leur cœur reconnaissant en Lui apportant des offrandes de reconnaissance. Il nous est donc dit dans 1 Thessaloniciens 5:18 : « Rendez grâces en toutes choses, car c'est à votre égard la volonté de Dieu en Jésus-Christ », et Matthieu 6:21 ajoute : « Car là où est ton trésor, là aussi sera ton cœur ».

Pourquoi devons-nous être reconnaissants en toutes choses et offrir à Dieu nos offrandes en don ? Tout d'abord, l'humanité entière se trouvait sur le chemin de la destruction à cause de la désobéissance d'Adam, mais Dieu nous a donné Jésus comme victime propitiatoire pour nos péchés. Jésus nous a rachetés du péché et au travers de Lui nous avons la vie éternelle. Puisque Dieu, qui a créé l'univers avec tout ce qu'il renferme, y compris l'être humain, est désormais notre Père, nous pouvons jouir de l'autorité d'enfants de Dieu. Il nous a permis de posséder le Ciel éternel alors que pourrions-nous faire d'autre que de Le remercier ?

Dieu nous donne également le soleil et contrôle la pluie, le vent et le climat dont nous jouissons de sorte que nous puissions profiter de récoltes abondantes grâce auxquelles Il nous donne notre pain quotidien. Nous devons Le remercier pour tout cela. De plus, c'est Dieu qui nous protège de ce monde dans lequel le péché, l'injustice, les maladies et les accidents sont légion. Il répond à nos prières offertes par la foi et Il nous bénit toujours de sorte que nous puissions vivre une vie triomphante. Comment, donc, ne pas Le remercier !

2. Les sacrifices dans l'offrande en don

Lévitique 2:1 nous dit : « Lorsque quelqu'un fera à l'Eternel une offrande en don, son offrande sera de fleur de farine; il versera de l'huile dessus, et il y ajoutera de l'encens. » Les grains offerts à Dieu comme offrande en don doivent être de fleur de farine, soit la partie la plus belle et la plus fine de la farine. Le commandement de Dieu selon lequel les grains devaient être fins nous montre le type de cœur qui doit être le nôtre lorsque nous Lui apportons nos offrandes. Le processus par lequel les graines sont finement moulues consiste en plusieurs étapes, qui comprennent l'épluchage, le broyage et le tamisage. Chacune de ces étapes demande énormément d'efforts et de soins. La teinte de la nourriture faite à base de farine est d'une belle apparence et beaucoup plus savoureuse.

Spirituellement, ce commandement de Dieu selon lequel l'offrande devait être de « fleur de farine » signifie que Dieu acceptera les offrandes préparées avec le plus grand soin et avec joie. Il aime lorsque nous démontrons en actions la reconnaissance de notre cœur, plutôt que d'uniquement Lui dire merci de nos lèvres. Lorsque nous apportons nos dîmes ou nos offrandes de remerciement, nous devons donc nous assurer de le faire de tout notre cœur. C'est alors que Dieu les acceptera avec joie.

Dieu est le maître de toutes choses et s'Il ordonne aux êtres humains de Lui apporter des offrandes, ce n'est pas qu'Il ait besoin de quoi que ce soit. Il a la puissance d'augmenter la richesse de chaque personne et d'ôter les possessions de n'importe qui. Si Dieu veut recevoir nos offrandes c'est parce qu'Il veut nous bénir encore plus largement et abondamment au travers des offrandes que nous Lui donnons par la foi et avec amour.

Nous pouvons lire dans 2 Corinthiens 9:6: « Sachez-le, celui qui sème peu moissonnera peu, et celui qui sème abondamment moissonnera abondamment. » Récolter selon ce que l'on sème est une loi du monde spirituel. Dieu nous instruit de Lui apporter des offrandes de reconnaissance afin de pouvoir nous bénir encore plus abondamment.

Lorsque nous croyons en ce fait et apportons nos offrandes, nous devons donner de tout notre cœur, exactement comme si nous apportions à Dieu une offrande de fleur de farine. Nous devons Lui donner la plus précieuse des offrandes, pure et irréprochable.

La « fleur de farine » nous parle également de la nature et de la vie de Jésus, qui toutes deux sont parfaites. Cela nous enseigne également que, tout comme nous mettons beaucoup de soin à préparer la fleur de farine, nous devons également vivre des vies de travail dur et d'obéissance.

Après avoir mélangé la farine avec l'huile et l'avoir cuite dans un four ou l'avoir versée comme une pâte lisse sur une plaque chauffante ou une poêle à frire, les gens offraient à brûler sur l'autel leurs sacrifices de fleur de farine. Le fait que les offrandes soient offertes de différentes manières nous montre que les gens gagnaient leur vie de différentes façons et avaient également différentes raisons de rendre grâce. En d'autres termes, en plus des raisons pour lesquelles nous rendons continuellement grâce les Dimanches, nous pouvons être reconnaissants pour des bénédictions reçues ou des réponses aux désirs de notre cœur, pour avoir surmonté des tentations et des épreuves de la foi, et ainsi de suite. Cependant, comme Dieu nous commande d'être « toujours reconnaissants », nous devons chercher des raisons d'être reconnaissants et remercier Dieu pour ces choses. Ce n'est qu'alors que Dieu acceptera l'arôme de nos cœurs et fera en sorte que les raisons de Le remercier abondent dans nos vies.

3. Présenter l'offrande en don

1) Une offrande de fleur de farine avec de l'huile et de l'encens

Verser de l'huile sur la fleur de farine transforme la farine en une pâte qui permettra de faire un pain excellent, tandis que verser de l'encens sur le pain permettra d'améliorer la qualité et l'apparence générale de l'offrande. Lorsque cette offrande est apportée à un sacrificateur, il en prend une poignée avec cette fleur de farine, cette huile et cet encens et il l'a fait brûler sur l'autel. Un parfum agréable s'en dégage alors.

Que représente le fait de verser de l'huile sur la farine ?

Ici, « l'huile » provient de graisse d'animaux ou d'huiles de résine extraites de plantes. Mélanger la fleur de farine avec de « l'huile » indique que nous devons donner absolument toute notre énergie, toutes nos vies, en offrande à Dieu. Lorsque nous adorons Dieu ou Lui apportons des offrandes, Dieu nous donne l'inspiration et la plénitude du Saint-Esprit et nous permet de vivre dans une communion directe et intime avec Lui. Verser l'huile est symbolique du fait que lorsque nous donnons quoi que ce soit à Dieu, nous devons le Lui donner de tout notre cœur.

Que représente le fait de verser de l'encens sur l'offrande ?

Nous lisons dans Romains 5:7 : « A peine mourrait-on pour un juste; quelqu'un peut-être mourrait pour un homme de bien. » Cependant, conformément à la volonté de Dieu, Jésus est mort pour nous qui ne sommes ni justes, ni bons, mais pécheurs. Quel parfum agréable l'amour de Jésus a-t-Il dû être pour Dieu ! Par Sa mort, Jésus a détruit l'autorité de la mort, puis Il est ressuscité, s'est assis à la droite de Dieu, est devenu Roi des rois et un arôme vraiment précieux devant Dieu.

Éphésiens 5:2 nous exhorte à marcher « dans l'amour, à l'exemple de Christ, qui nous a aimés, et qui s'est livré lui-même à Dieu pour nous comme une offrande et un sacrifice de bonne odeur. » Quand Jésus a été offert à Dieu en sacrifice, c'était aussi comme ces offrandes sur lesquelles de l'encens était versé. C'est pourquoi, nous qui avons reçu l'amour de Dieu, nous devons également nous offrir nous-mêmes comme un arôme d'une bonne odeur apaisante, à l'exemple de Jésus.

« Verser de l'encens sur de la fleur de farine » nous parle du fait que tout comme Jésus a glorifié Dieu avec un arôme de bonne odeur de par Sa nature et Ses œuvres, nous devons vivre selon la Parole de Dieu de tout notre cœur et Le glorifier en laissant émaner le parfum de Christ. Ce n'est que lorsque nous offrons à Dieu des offrandes de reconnaissance tout en diffusant le parfum de Christ que nos offrandes deviendront dignes d'être acceptées par Dieu.

2) Sans levain ou miel ajoutés

Lévitique 2:11 annonce : « Aucune des offrandes que vous présenterez à l'Eternel ne sera faite avec du levain; car vous ne brûlerez rien qui contienne du levain ou du miel parmi les offrandes consumées par le feu devant l'Eternel. » Dieu a ordonné que ce pain qui Lui est offert soit sans levain parce que, tout comme le levain fait lever la pâte faite de farine, le « levain » spirituel gâche également l'offrande et la gâchera.

Le Dieu immuable et parfait veut que nos offrandes restent intègres et Lui soient offertes du plus profond de nos cœurs comme de la simple fleur de farine. Par conséquent, quand nous présentons des offrandes, nous devons le faire d'un cœur immuable, propre et pur et avec reconnaissance, amour et foi en Dieu.

En apportant des offrandes, certains pensent à la façon dont les autres les perçoivent et donnent uniquement par formalisme. D'autres donnent avec un cœur rempli de tristesse et d'inquiétude. Pourtant, Jésus a mis en garde contre le levain des Pharisiens, qui est l'hypocrisie. Si nous donnons en prétendant être saint, mais que cette sainteté ne soit qu'extérieure, et que nous recherchons l'approbation des autres, nos cœurs serons comme une offrande de graines gâchée par le levain que Dieu n'agrée pas.

Nous devons donc donner sans la moindre trace de levain et du plus profond de nos cœurs par amour et avec reconnaissance envers Dieu. Nous ne devons pas donner à contrecœur ou dans la douleur et l'inquiétude et sans la foi. Il nous faut donner abondamment et avec une foi ferme en Dieu qui acceptera nos offrandes et nous bénira en esprit et dans la chair. C'est donc pour nous enseigner ce principe spirituel que Dieu a ordonné que les offrandes soient faites sans levain.

Il y a, toutefois, des moments où Dieu permet que l'on apporte des offrandes faites avec du levain. Ces offrandes ne sont pas brûlées sur l'autel, mais le sacrificateur les agite en avant et en arrière devant l'autel pour montrer que ces offrandes sont données à Dieu, puis il les rapporte aux gens pour qu'ils partagent et mangent. Cela s'appelle une « offrande agitée» et, contrairement à l'offrande en don, il a été permis d'y ajouter du levain lorsque les procédures ont été modifiées.

Par exemple, les croyants assistent à des cultes non pas uniquement le Dimanche, mais également d'autres jours de la semaine. Lorsque les gens dont la foi est faible assistent à des cultes de Dimanche mais pas aux veillées de Vendredi ou aux cultes de Mercredi soir, Dieu ne considère pas leur comportement comme un péché. Pour ce qui est de la procédure, si le culte de Dimanche suit un ordre strict, les réunions de cellules ou de maisons, bien qu'elles suivent également une structure de base qui consiste en un message, un temps de prière et un temps de louange, peuvent être adaptées selon les circonstances. Si nous tenons fermement aux règles nécessaires de base, le fait que Dieu permet un peu de flexibilité selon les circonstances ou la mesure de foi des personnes équivaut au fait de pouvoir présenter des offrandes faites avec du levain.

Pourquoi Dieu interdit-Il l'ajout de miel ?

Tout comme le levain, le miel peut aussi gâcher les propriétés de la fleur de farine. Ici, le terme « miel » fait référence à un sirop sucré obtenu à partir de jus de dattes en Palestine et qui peut rapidement fermenter et pourrir. C'est pour cette raison que Dieu interdit que l'intégrité de la farine soit corrompue par l'ajout de miel. Cela nous montre également que, lorsque les enfants de Dieu l'adorent ou Lui présentent des offrandes, ils doivent le faire d'un cœur parfait qui ne trompe ou ne change pas.

Les gens pourraient penser que l'ajout de miel donnerait à l'offrande une plus belle apparence. Peu importe l'apparence qu'une chose peut avoir aux yeux des hommes, Dieu prend plaisir à recevoir ce qu'Il a ordonné et ce que l'homme a promis de Lui apporter. Certains promettent vite de donner une chose spécifique à Dieu mais lorsque leurs circonstances changent, ils changent d'avis et donnent autre chose. Cependant, Dieu déteste les gens qui changent d'avis concernant ce qu'Il a ordonné ou qu'ils ont promis afin de gagner un bénéfice personnel quand le Saint-Esprit agit. C'est pour cela que si une personne a promis d'apporter un animal, il doit absolument le faire, comme cela nous est dit dans Lévitique 27:9-10 : « S'il s'agit d'animaux qui peuvent être offerts en sacrifice à l'Eternel, tout animal qu'on donnera à l'Eternel sera chose sainte. On ne le changera point, et l'on n'en mettra point un mauvais à la place d'un bon ni un bon à la place d'un mauvais; si l'on remplace un animal par un autre, ils seront l'un et l'autre chose sainte. »

Dieu veut que nous Lui donnions d'un cœur pur, non seulement lorsqu'il s'agit d'offrandes, mais en tout. S'il y a des hésitations ou de la tromperie dans le cœur d'une personne, cela se traduira par un comportement inacceptable aux yeux de Dieu.

Par exemple, le Roi Saül a ignoré les commandements de Dieu et les a adaptés selon son bon plaisir. Il a ensuite désobéi. Dieu avait ordonné à Saül de détruire le roi d'Amalek, avec toutes les personnes et animaux. Après avoir remporté le combat par la puissance de Dieu, Saül n'a pas respecté ce commandement de Dieu. Il a épargné et a ramené le roi Agag d'Amalek et le meilleur des animaux. Même après avoir été réprimandé, Saül ne s'est pas repenti mais a continué dans sa désobéissance, jusqu'au jour où Dieu s'est détourné de lui. Dans Nombres 23:19, nous lisons : « Dieu n'est point un homme pour mentir, ni fils d'un homme pour se repentir. » Pour être agréables à Dieu, nos cœurs doivent d'abord être transformés en cœurs purs. Peu importe à quel point une chose semble bonne aux yeux des êtres humains et selon la pensée humaine, nous ne devons jamais faire ce que Dieu interdit et cela ne doit jamais changer même avec le temps qui passe. Lorsque quelqu'un obéit à la volonté de Dieu d'un cœur pur et sans changement de cœur, Dieu en est ravi. Il accepte cette offrande et bénit.

Lévitique 2:12 affirme : « Vous pourrez en offrir à l'Eternel comme offrande des prémices; mais il n'en sera point présenté sur l'autel comme offrande d'une agréable odeur. » Une offrande doit être un arôme de bonne odeur que Dieu acceptera avec joie. Dieu nous dit ici que les offrandes en don ne doivent pas être placées sur l'autel dans le seul but de les brûler pour qu'un arôme s'en échappe. Le but de l'offrande en don ne se trouve pas dans l'acte lui-même, mais dans le fait d'offrir à Dieu nos cœurs.

Peu importe la quantité de bonnes choses que nous offrons, si elles ne sont pas offerts avec le type de cœur auquel Dieu prend plaisir, elles pourront diffuser un arôme agréable aux hommes, mais pas à Dieu. Cela s'assimile à la façon dont les enfants offrent des cadeaux à leurs parents d'un cœur reconnaissant et avec amour pour la grâce qui leur a été faite d'être nés et d'avoir été élevés avec amour, et pas par simple formalisme. De tels cadeaux sont une véritable source de joie pour les parents.

Dieu ne veut pas que nous donnions par habitude ou pour que nous soyons satisfaits de nous-mêmes et pensions : « J'ai fait mon devoir ». Il recherche le parfum d'un cœur rempli de foi, d'espoir et d'amour.

3) Assaisonner de sel

Nous lisons dans Lévitique 2:13 : « Tu mettras du sel sur toutes tes offrandes; tu ne laisseras point ton offrande manquer de sel, signe de l'alliance de ton Dieu; sur toutes tes offrandes tu mettras du sel. » Le sel se mélange à la nourriture et l'empêche de pourrir tout en donnant du goût.

Spirituellement, « assaisonner avec du sel » parle de « faire la paix ». Tout comme le sel doit se mélanger à la nourriture pour l'assaisonner, jouer le rôle du sel par lequel nous pouvons faire la paix requiert un sacrifice : la mort de soi. C'est pourquoi, le commandement de Dieu selon lequel les offrandes en don doivent être assaisonnées de sel symbolise le fait que nous devons apporter des offrandes à Dieu en nous sacrifiant nous-mêmes pour faire la paix.

Pour cela, nous devons commencer pas accepter Jésus-Christ et être en paix avec Dieu en combattant jusqu'au sang pour vaincre le péché, le mal, la luxure et notre ancienne nature.

Imaginons qu'une personne pèche volontairement, ce que Dieu considère abominable, puis apporte une offrande à Dieu sans s'être repentie de ses péchés. Dieu ne peut accepter une telle offrande car la paix entre la personne et Dieu a déjà été rompue. Le Psalmiste écrit donc : « Si j'avais conçu l'iniquité dans mon cœur, le Seigneur ne m'aurait pas exaucé » (Psaumes 66:18). Dieu accepte avec joie non seulement nos prières, mais encore nos offrandes, après que nous avons abandonné le péché, avons fait la paix avec Lui et Lui avons apporté les offrandes.

Faire la paix avec Dieu implique que chaque personne fasse un sacrifice : la mort de soi. L'Apôtre Paul lui-même confessait : « Chaque jour, je meurs » (Nouvelle Bible Segond). Ce n'est, en effet, qu'en se reniant elle-même et en sacrifiant son ego qu'une personne peut trouver la paix avec Dieu.

Il nous faut également être en paix avec nos frères et sœurs. Jésus nous explique dans Matthieu 5:23-24 : « Si donc tu présentes ton offrande à l'autel, et que là tu te souviennes que ton frère a quelque chose contre toi, laisse là ton offrande devant l'autel, et va d'abord te réconcilier avec ton frère; puis, viens présenter ton offrande. » Dieu n'acceptera pas notre offrande avec joie si nous nous livrons au péché, agissons mal et tourmentons nos frères et sœurs dans la foi.

Même si un frère a mal agi envers nous, nous ne devons pas le haïr ou maugréer contre lui, mais bien lui pardonner et rester en paix avec lui. Indépendamment des raisons, nous ne pouvons être en désaccord ou en dispute avec des frères et sœurs, les blesser ou les faire trébucher dans la foi. Ce n'est que lorsque nous avons fait la paix avec chacun et que nos cœurs sont remplis du Saint-Esprit, de joie et de reconnaissance, que nos offrandes seront considérées comme « assaisonnées de sel ».

Par ailleurs, cet assaisonnement avec du sel ordonné par Dieu est un thème central de l'alliance, comme nous le dit l'expression « signe de l'alliance de ton Dieu ». Le sel provient de l'eau de mer, et l'eau représente la Parole de Dieu. Tout comme le sel donne toujours un goût salé, la Parole de l'alliance de Dieu est également immuable. « Assaisonner avec du sel » des offrandes que nous apportons signifie que nous devions mettre notre confiance dans l'alliance immuable du Dieu fidèle et donner de tout notre cœur. En donnant des offrandes de reconnaissance, nous devons croire que Dieu récompense d'une bonne mesure serrée, secouée et qui déborde et nous bénira à raison de 30, 60 et 100 pour un.

Certains diront : « Je ne donne pas pour recevoir des bénédictions, mais juste pour donner ». Pourtant, Dieu prend davantage de plaisir dans la foi d'une personne qui cherche humblement Ses bénédictions. Hébreux 11 nous dit que Moïse a renoncé au trône du prince d'Égypte car il « avait les yeux fixés sur la rémunération » que Dieu allait lui accorder. Notre Jésus, qui avait également les yeux fixés sur la récompense, n'a fait aucun cas de l'humiliation de la croix. En considérant le grand fruit, c'est-à-dire la gloire que Dieu Lui réservait et le salut de l'humanité, Jésus a pu endurer la punition horrible de la croix.

Bien entendu, « avoir les yeux fixés sur la rémunération » n'a rien à voir avec le cœur calculateur qui s'attend à recevoir quelque chose en retour de ce qu'il a déjà offert. Même s'il n'y a pas de récompense, la personne qui aime vraiment Dieu sera prête à donner jusqu'à sa vie. Toutefois, celui qui cherche les bénédictions en comprenant le cœur de Dieu Notre Père qui désire bénir et qui croit dans la puissance de Dieu, sera encore davantage agréable à Dieu dans ses œuvres. Dieu a promis que l'homme récolterait ce qu'il a semé et qu'Il donnerait à ceux qui cherchent. Dieu prend plaisir dans nos offrandes présentées avec foi dans Sa Parole, ainsi que dans la foi par laquelle nous demandons Ses bénédictions selon Sa promesse.

4) Le reste de l'offrande en don revient à Aaron et ses fils

Au contraire de l'holocauste qui est entièrement consumé sur l'autel, les offrandes en don étaient apportées à un sacrificateur et seule une petite quantité était offerte à Dieu sur l'autel. Cela signifie que bien que nous devions donner entièrement à Dieu une diversité de cultes, les offrandes de reconnaissance, soit les offrandes en don, sont offertes à Dieu pour être utilisées pour Son royaume et Sa justice, et une portion doit revenir aux sacrificateurs qui, aujourd'hui, sont les serviteurs du Seigneur et ceux qui travaillent dans l'église. Galates 6:6 nous dit d'ailleurs : « Que celui à qui l'on enseigne la parole fasse part de tous ses biens à celui qui l'enseigne. » Lorsque des membres de l'église qui ont bénéficié de la grâce de Dieu apportent des offrandes de reconnaissance, les serviteurs de Dieu qui enseignent la Parole en reçoivent une partie.

Les offrandes en don sont apportées à Dieu avec les holocaustes et représentent une vie de service à l'exemple de celle que Christ Lui-même a vécu. Nous devons donc apporter nos offrandes avec foi et de tout notre cœur. J'espère que chaque lecteur adorera d'une façon conforme à la volonté de Dieu et recevra une abondance de bénédictions chaque jour en apportant à Dieu les offrandes parfumées auxquelles Il prend plaisir.

Chapitre 5

Le sacrifice de paix

« Si son présent est un sacrifice de paix, s'il présente un animal pris sur le gros bétail, il présentera devant le Seigneur un mâle ou une femelle sans défaut. »

Lévitique 3:1, Nouvelle Bible Segond

1. La signification du sacrifice de paix

Lévitique 3 reprend des lois concernant le sacrifice de paix. Un sacrifice de paix inclut l'abattage d'un animal sans défaut, l'aspersion de son sang tout autour de l'autel et l'offrande de la graisse pour qu'elle soit brûlée sur l'autel comme un parfum de bonne odeur. Quoique les procédures du sacrifice de paix soient similaires à celles de l'holocauste, il existe plusieurs différences. Certains méprennent le but du sacrifice de paix et pensent qu'il s'agit d'une façon d'obtenir le pardon des péchés. Ce sont les sacrifices de culpabilité et d'expiation qui ont comme but premier le pardon des péchés.

Un sacrifice de paix est une offrande dont le but est d'établir la paix entre Dieu et nous et qui s'accompagne de la reconnaissance de la personne qui apporte l'offrande, de vœux envers Dieu et qui est offert de façon volontaire. Ils sont offerts séparément par des gens qui ont reçu le pardon de leurs péchés grâce à des sacrifices d'expiation et des holocaustes et jouissent désormais d'une communion directe et intime avec Dieu. Le but du sacrifice de paix est d'établir la paix avec Dieu afin de pouvoir faire confiance en Dieu du fond de son cœur pour tous les domaines de la vie.

L'offrande en don présentée dans Lévitique 2 est une offrande de reconnaissance. Il s'agit d'une offrande conventionnelle présentée pour exprimer notre reconnaissance envers Dieu qui nous a sauvés, nous protège et nous donne notre pain quotidien. Elle est donc différente du sacrifice de paix, en partie dans son aspect d'expression de reconnaissance. En plus des offrandes de reconnaissance que nous apportons au culte de Dimanche, nous apportons des offrandes séparées de reconnaissance lorsqu'il y a d'autres raisons spéciales de dire merci. Les sacrifices de paix incluent les sacrifices offerts volontairement pour faire plaisir à Dieu, pour se mettre à part et se consacrer à vivre selon la Parole de Dieu et pour recevoir de Lui les désirs de notre cœur.

Bien que l'offrande de paix puisse avoir différentes significations, son but principal est d'être en paix avec Dieu. Quand nous sommes en paix avec Dieu, Il nous donne la force par laquelle nous pouvons vivre conformément à la vérité, Il exauce les désirs de nos cœurs et nous donne la grâce de garder tous les vœux que nous avons faits envers Lui.

1 Jean 3:21-22 déclare : « Bien-aimés, si notre cœur ne nous condamne pas, nous avons de l'assurance devant Dieu. Quoi que ce soit que nous demandions, nous le recevons de lui, parce que nous gardons ses commandements et que nous faisons ce qui lui est agréable. » Quand nous avons l'assurance devant Dieu pour avoir vécu selon la vérité, nous serons en paix avec Lui et serons témoins de Ses œuvres quoique nous Lui demandions. En outre, si nous cherchons à Lui être encore plus agréables en Lui apportant des offrandes spéciales, pouvez-vous imaginer combien plus rapidement Dieu nous exaucera et nous bénira ?

Il est donc essentiel que nous comprenions bien les significations des offrandes en don et des sacrifices de paix et les différences qui existent entre eux de sorte que Dieu prenne plaisir à nos offrandes.

2. Les offrandes du sacrifice de paix

Dieu nous dit dans Lévitique 3:1 : «Si son présent est un sacrifice de paix, s'il présente un animal pris sur le gros bétail, il présentera devant le Seigneur un mâle ou une femelle sans défaut » (Nouvelle Bible Segond).Que l'animal du sacrifice de paix soit un agneau ou une chèvre ou qu'il soit mâle ou femelle, il doit être sans défaut (Lévitique 3:6, 12). L'animal de l'holocauste devait être un jeune taureau ou un agneau sans défaut. Le sacrifice parfait de l'holocauste, ou du culte spirituel, signifie Jésus-Christ, le Fils de Dieu sans tache.

Toutefois, lorsqu'il s'agit d'apporter à Dieu un sacrifice de paix pour être en communion avec Lui, il n'est pas nécessaire de faire la distinction entre mâle et femelle pour autant que l'animal soit sans défaut. Romains 5:1 affirme qu'il n'y a pas de différence entre mâle et femelle lorsqu'il s'agit d'apporter une offrande de paix : « Étant donc justifiés par la foi, nous avons la paix avec Dieu par notre Seigneur Jésus-Christ. » En faisant la paix avec Dieu au travers du sang de Jésus sur la croix, il n'y a pas de différence entre mâle et femelle.

Lorsque Dieu ordonne que l'offrande soit « sans défaut », Il désire que nous la Lui présentions nous pas avec un esprit abattu, mais avec le cœur d'un bel enfant. Nous ne devons jamais non plus donner à contrecœur ou en recherchant l'approbation des autres, mais volontairement et par la foi. Donner une offrande irréprochable n'a de sens pour nous que quand nous apportons une offrande de reconnaissance pour la grâce du salut de Dieu. L'offrande que nous apportons à Dieu pour pouvoir Lui faire confiance pour tous les aspects de nos vies, pour qu'Il soit avec nous et nous protège en tous temps, et pour que nous puissions vivre selon Sa volonté, doit être la meilleure que nous puissions nous permettre et doit être présentée avec beaucoup de soin et de tout notre cœur.

Lorsque l'on compare les offrandes de l'holocauste et du sacrifice de paix, il est intéressant de noter que pour ce dernier les tourterelles sont exclues. Pourquoi ? Peu importe à quel point une personne peut être pauvre, l'holocauste doit toute de même être offert par tout le monde. C'est pour cela que Dieu permettait le sacrifice de tourterelles, qui ne sont pas d'une grande valeur.

Par exemple, si un nouveau à la vie de Christ et dont la foi est faible ne vient qu'aux cultes de Dimanche, Dieu considérera que la personne a apporté un holocauste. Si un holocauste complet est offert à Dieu lorsque les croyants vivent pleinement la Parole de Dieu, maintiennent une communion directe et intime avec Dieu et l'adorent en esprit et en vérité, Dieu considérera néanmoins le sacrifice du nouveau dans la foi, qui ne fait que de consacrer le jour du Seigneur, comme l'holocauste d'une tourterelle de peu de valeur et le conduira sur le chemin du salut.

Cependant, le sacrifice de paix n'est pas obligatoire, mais volontaire. Il est offert à Dieu par l'être humain qui veut recevoir des réponses et des bénédictions en étant agréable à Dieu. Si une tourterelle de peu de valeur était offerte, le sens de ce sacrifice spécial serait perdu. C'est pour cette raison que les tourterelles étaient exclues.

Imaginons qu'une personne veuille apporter une offrande qu'il avait promis à Dieu avec un serment ou un vœu, un désir profond ou pour recevoir la guérison divine pour une maladie incurable ou en phase terminale. Avec quel type de cœur devrait-il présenter cette offrande ? L'offrande sera préparée avec encore plus de soins que les offrandes de reconnaissance qui sont données régulièrement. Dieu prendra plaisir dans une offrande d'un taureau ou, selon les circonstances individuelles, d'une génisse, d'un agneau ou d'une chèvre, mais la valeur de la tourterelle est bien trop insignifiante.

Évidemment, cela ne signifie pas que la « valeur » d'une offrande provienne uniquement de sa valeur monétaire. Lorsque chaque personne prépare l'offrande de tout son cœur, de toute sa pensée et avec le plus grand soin selon ses propres circonstances, Dieu évaluera la valeur de l'offrande selon l'arôme spirituel qu'elle émet.

3. Présenter le sacrifice de paix

1) Poser la main sur la tête de l'offrande de paix et l'abattre à l'entrée de la tente de la rencontre

En posant sa main sur la tête de l'animal à l'entrée de la tente de la rencontre, la personne qui apporte l'offrande transmet ses péchés à l'animal. De plus, en posant ses mains sur l'offrande, la personne qui l'apporte consacre l'animal à être offert à Dieu et, en fait, l'oint.

Pour que nos offrandes sur lesquelles nous posons les mains soient agréables à Dieu, nous ne devons pas en déterminer la quantité selon des pensées charnelles, mais sous l'inspiration du Saint-Esprit. Seules ces offrandes seront agréables à Dieu, consacrées et ointes.

Après avoir posé sa main sur la tête de l'offrande, la personne qui apporte l'animal l'abat à l'entrée de la Tente de la Rencontre. Au temps de l'Ancien Testament, seuls les sacrificateurs pouvaient entrer dans le Lieu Saint et les gens abattaient les animaux à l'entrée de la tente de la rencontre. Cependant, comme le mur de péché qui nous séparait de Dieu a été détruit pas Jésus-Christ, nous pouvons aujourd'hui pénétrer dans le Lieu Saint, adorer Dieu et jouir d'une relation directe et intime avec Lui.

2) Les sacrificateurs, soit les fils d'Aaron, aspergeaient de sang les alentours de l'autel

Lévitique 17:11 nous dit : « Car la vie de la chair est dans le sang. Je vous l'ai donné sur l'autel, afin qu'il serve d'expiation pour vos âmes, car c'est par la vie que le sang fait l'expiation. » Hébreux 9:22 affirme également : « Et presque tout, d'après la loi, est purifié avec du sang, et sans effusion de sang il n'y a pas de pardon. » Cela nous rappelle que ce n'est que par le sang que nous pouvons être purifiés. Lorsque l'on apporte nos sacrifices de paix à Dieu pour jouir d'une communion spirituelle directe et intime avec Lui, l'aspersion de sang est nécessaire car nous, dont notre relation avec Dieu avait été coupée, ne pouvons jamais être en paix avec Lui sans l'œuvre du sang de Jésus-Christ.

Les sacrificateurs aspergeaient de sang les alentours de l'autel, ce qui signifiait que peu importe où les personnes allaient et les circonstances dans lesquelles elles allaient se trouver, elles seraient toujours en paix avec Dieu. Le sang est aspergé autour de l'autel comme symbole du fait que Dieu est toujours avec nous, marche avec nous, nous protège et nous bénit partout où nous allons et avec qui que nous soyons.

3) L'offrande du sacrifice de paix est consumée devant le Seigneur

Lévitique 3 décrit les méthodes d'offrandes de taureaux, d'agneaux et de chèvres comme sacrifices de paix. Comme les méthodes sont fort similaires, nous nous concentrerons sur l'offrande de taureaux comme sacrifice de paix. Si l'on compare les sacrifices de paix avec les holocaustes, nous voyons que, pour l'holocauste, toutes les parties de l'animal, sauf la peau, étaient données à Dieu. La signification des holocaustes est celle du culte spirituel et, tout comme l'adoration est entièrement offerte à Dieu, les offrandes étaient complètement brûlées.

Dans le cas des sacrifices de paix, cependant, toutes les parties de l'animal ne sont pas offertes. Nous lisons, en effet, en Lévitique 3:3b-4 : « ...la graisse qui couvre les entrailles et toute celle qui y est attachée; les deux rognons, et la graisse qui les entoure, qui couvre les flancs, et le grand lobe du foie, qu'il détachera près des rognons. » La graisse qui recouvre les parties importantes des entrailles de l'animal doit être offerte à Dieu comme un parfum de bonne odeur.

Offrir la graisse de différentes parties de l'animal signifie que nous devons être en paix avec Dieu où que nous soyons et quelles que soient les circonstances dans lesquelles nous nous trouvons.

Être en paix avec Dieu exige aussi que nous soyons en paix avec tous et recherchions la sainteté. Ce n'est que lorsque nous serons en paix avec tous que nous serons des enfants de Dieu parfaits (Matthieu 5:46-48).

Après que la graisse de l'animal en ait été retirée, les portions réservées aux sacrificateurs sont séparées. Lévitique 7:34 nous dit : « Car je prends sur les sacrifices d'actions de grâces offerts par les enfants d'Israël la poitrine qu'on agitera de côté et d'autre et l'épaule qu'on présentera par élévation, et je les donne au sacrificateur Aaron et à ses fils, par une loi perpétuelle qu'observeront les enfants d'Israël. » Tout comme des portions des offrandes de grains étaient réservées aux sacrificateurs, des portions des sacrifices de paix sont également réservées aux sacrificateurs et aux lévites, qui tous servent Dieu et Son peuple.

Nous retrouvons également ce principe dans le Nouveau Testament. Grâce aux offrandes présentées à Dieu par les croyants, l'œuvre de Dieu pour le salut des âmes peut s'accomplir et les besoins des serviteurs du Seigneur et de ceux qui travaillent dans l'église sont satisfaits. Une fois mises de côté les portions de Dieu et des sacrificateurs, le reste est consommé par la personne qui a apporté l'offrande. Il s'agit là d'un aspect unique aux sacrifices de paix. Le fait que la personne qui apporte l'offrande la consomme elle-même symbolise le fait que Dieu montrera que l'offrande Lui a été agréable au travers de réponses et de bénédictions.

4. La loi sur la graisse et le sang

Quand un animal était abattu pour être offert à Dieu, le sacrificateur aspergeait les alentours de l'autel du sang de l'animal. De plus, comme le suif et la graisse appartenaient au Seigneur, ils étaient considérés comme consacrés et étaient brûlés sur l'autel comme parfum d'une bonne odeur agréable à Dieu. Les gens de l'époque de l'Ancien Testament ne mangeaient ni graisse, ni sang, car la graisse et le sang sont signes de vie. Le sang représente la vie de la chair et la graisse, essence du corps, est également symbole de vie. La graisse facilite le bon fonctionnement du corps et les activités vitales.

Quelle est donc la signification spirituelle de la graisse ?

La graisse nous parle avant tout de la plus grande attention caractéristique du cœur parfait. Faire brûler la graisse lors d'une offrande signifie que nous donnons à Dieu tout ce que nous avons et tout ce que nous sommes. Cet acte nous parle du plus grand soin et du cœur entier avec lequel nous apportons des offrandes dignes de l'approbation de Dieu. Si le contenu des offrandes de reconnaissance, dont le but est de parvenir à la communion avec Dieu en Lui étant agréable ou en se donnant soi-même avec dévouement à Dieu, est important, le plus important reste le genre de cœur et le degré d'attention avec lequel l'offrande est apportée. Si une personne qui a mal agit aux yeux de Dieu apporte une offrande pour être en paix avec Lui, cette offrande devra être faite avec encore davantage de dévouement et un cœur encore plus parfait.

Bien entendu, le pardon de péchés requiert également un sacrifice d'expiation ou de culpabilité. Cependant, il y a des moments où l'on espère aller au-delà du pardon des péchés et vraiment retrouver la paix avec Dieu en Lui étant agréable. Par exemple, lorsqu'un enfant a fait du mal à son père et a gravement blessé son cœur, celui-ci peut être touché et la paix véritable restaurée entre eux deux si l'enfant fait tous ses efforts pour être agréable à son père au lieu de se contenter de dire qu'il est désolé et recevoir le pardon pour son erreur.

Par ailleurs, la graisse parle également de la prière et de la plénitude du Saint-Esprit. Dans Matthieu 25, cinq vierges prudentes ont pris de l'huile dans des flacons avec leurs lampes et cinq autres vierges folles ne l'ont pas fait. Seules les cinq prudentes ont pu finalement participer à la noce. Dans ce cas, l'huile fait spirituellement référence à la prière et à la plénitude du Saint-Esprit. Ce n'est que lorsque nous recevons la plénitude du Saint-Esprit au travers de la prière et sommes éveillés que nous pouvons éviter d'être contaminés par des convoitises mondaines et attendre notre Seigneur, le fiancé, après nous être préparés pour être ses belles mariées.

Pour être agréable à Dieu, la prière doit accompagner le sacrifice de paix. Cela est également essentiel pour que nous puissions recevoir Ses réponses. Cette prière ne doit, cependant, pas être une simple formalité, mais elle doit être élevée de tout notre cœur et avec tout ce que nous avons et sommes, tout comme la sueur de Jésus qui s'est transformée en grumeaux de sang qui tombaient à terre lorsqu'il priait à Gethsémané. La personne qui prie comme cela combattra et vaincra certainement le péché, deviendra sanctifiée et recevra d'en-haut l'inspiration et la plénitude du Saint-Esprit. Quand une telle personne apporte à Dieu un sacrifice de paix, Il y prendra plaisir et donnera Ses réponses rapidement.

Un sacrifice de paix est un sacrifice présenté à Dieu en pleine confiance afin de pouvoir vivre des vies de valeur dans Sa présence et sous Sa protection. En faisant la paix avec Dieu, nous devons nous détourner de toutes nos voies qui ne Lui sont pas agréables. Nous devons Lui apporter cette offrande de tout notre cœur et avec joie, et recevoir la plénitude du Saint-Esprit au travers de la prière. C'est alors que nous serons remplis de l'espérance du Ciel et vivront des vies triomphantes en ayant la paix avec Dieu. J'espère que chaque lecteur recevra toujours les réponses et bénédictions de Dieu en priant sous l'inspiration et dans la plénitude du Saint-Esprit, de tout son cœur et en Lui apportant des sacrifices de paix qu'Il agrée.

Chapitre 6

Le sacrifice d'expiation

« Parle aux enfants d'Israël, et dis: lorsque quelqu'un péchera involontairement contre l'un des commandements de l'Eternel, en faisant des choses qui ne doivent point se faire: si c'est le sacrificateur ayant reçu l'onction qui a péché et a rendu par là le peuple coupable, il offrira à l'Eternel, pour le péché qu'il a commis, un jeune taureau sans défaut, en sacrifice d'expiation. »

Lévitique 4:2-3

1. Les types et la signification des sacrifices d'expiation

Par notre foi en Jésus-Christ et l'œuvre de Son sang, nous avons été pardonnés de tous nos péchés et sommes parvenus au salut. Toutefois, pour que notre foi soit reconnue comme véritable, nous devons non seulement confesser de nos lèvres, « je crois », mais encore la démontrer dans nos œuvres et notre vérité. Lorsque nous montrons à Dieu les actes de notre foi comme évidence que Dieu reconnaîtra, Il verra cette foi et nous pardonnera de nos péchés.

Comment recevoir le pardon des péchés par la foi ? Évidemment, chaque enfant de Dieu doit marcher dans la lumière et ne jamais pécher. Pourtant, s'il y a un mur entre Dieu et un croyant qui a commis des péchés quand il n'était pas encore parfait, il doit connaître les solutions et agir en conséquence. Ces solutions se trouvent dans la Parole de Dieu où il est question du sacrifice d'expiation.

Le sacrifice d'expiation est, comme nous l'avons lu, une offrande apportée à Dieu comme expiation de péchés que nous avons commis dans nos vies. Les méthodes varient selon les tâches que Dieu nous a données et la mesure de foi de chacun. Lévitique 4 traite de sacrifices d'expiation offerts par un sacrificateur oint, par toute l'assemblée, par un leader et par les gens ordinaires.

2. Le sacrifice d'expiation d'un sacrificateur oint

Dieu dit à Moïse dans Lévitique 4:2-3 : « Parle aux enfants d'Israël, et dis: lorsque quelqu'un péchera involontairement contre l'un des commandements de l'Eternel, en faisant des choses qui ne doivent point se faire: si c'est le sacrificateur ayant reçu l'onction qui a péché et a rendu par là le peuple coupable, il offrira à l'Eternel, pour le péché qu'il a commis, un jeune taureau sans défaut, en sacrifice d'expiation. »

Ici, le terme « fils d'Israël » fait spirituellement référence à tous les enfants de Dieu. Le moment où « quelqu'un péchera involontairement contre l'un des commandements de l'Eternel en faisant des choses qui ne doivent point se faire » se réfère à tous moments où la loi de Dieu, qui se trouve dans les 66 livres de la Bible, qui est la Parole de Dieu, a été enfreinte.

Quand un sacrificateur, ou, en termes d'aujourd'hui, un serviteur de Dieu qui enseigne et proclame la Parole de Dieu, enfreint la loi de Dieu, les conséquences du péché touchent même les gens de l'assemblée. Comme il n'a pas enseigné son troupeau dans la vérité ou ne l'a pas lui-même mise en pratique, son péché est grave. Même s'il a commis ses péchés involontairement, cela n'en reste pas moins extrêmement gênant pour un serviteur de Dieu censé connaître la volonté de Dieu.

Par exemple, si un serviteur de Dieu enseigne la vérité avec des erreurs, son troupeau croira ces paroles, agira à l'encontre de la Parole de Dieu, et l'église dans son ensemble pourrait même ériger un mur de péché entre elle et Dieu. Il nous a ordonné d'être saints, de nous abstenir de toutes formes de mal et de prier sans cesse. Que se passerait-il donc si un serviteur de Dieu proclamait : « Jésus nous a rachetés de tous nos péchés. Nous serons sauvés pour autant que nous allons à l'église » ? Jésus déclare dans Matthieu 15:14 : « Si un aveugle conduit un aveugle, ils tomberont tous deux dans une fosse ». Les conséquences du péché d'un serviteur de Dieu sont graves car aussi bien le serviteur de Dieu que son troupeau s'éloigneront de Dieu. Si un sacrificateur pèche « en rendant le peuple coupable », il doit offrir à Dieu un sacrifice d'expiation.

1) Un taureau sans défaut offert pour le sacrifice d'expiation

Lorsqu'un sacrificateur oint pèche « en rendant le peuple coupable », il doit savoir que les conséquences de ses péchés sont graves. Dans 1 Samuel 2-4 nous voyons ce qu'il arrive aux fils d'Éli le sacrificateur lorsqu'ils commettent le péché de s'accaparer les offrandes qui avaient été présentées à Dieu. Lors d'une bataille qu'Israël a perdue contre les Philistins, les fils d'Éli ont perdu la vie avec 30.000 fantassins Israéliens. En plus de perdre l'Arche de l'Alliance, Israël dans son ensemble s'est retrouvé dans la souffrance.

C'est pourquoi, l'offrande du sacrifice d'expiation devait être la plus précieuse de toutes : un taureau sans défaut. Pour tous les sacrifices, Dieu accepte volontiers les taureaux et agneaux mâles, et ce sont les taureaux qui ont la plus grande valeur. Pour le sacrifice d'expiation, le sacrificateur doit non seulement offrir un taureau, mais encore faut-il qu'il s'agisse d'un taureau sans défaut. Spirituellement, cela nous parle du fait que les offrandes ne peuvent être apportées à contrecœur ou sans joie : chaque offrande doit être un sacrifice vivant entier.

2) Présenter le sacrifice d'expiation

Le sacrificateur mène le taureau présenté comme sacrifice d'expiation vers l'entrée de la tente de la rencontre devant le Seigneur. Il pose sa main sur lui, l'abat, prend une partie de son sang et l'apporte à l'intérieur de la tente de la rencontre. Il y trempe ensuite son doigt et l'asperge sept fois devant le Seigneur, devant le voile du Lieu Saint (Lévitique 4:4-6). Poser la main sur la tête du taureau symbolise la transmission des péchés de l'homme à l'animal La personne qui a péché doit mourir, mais poser la main sur la tête de l'offrande permet à la personne de recevoir le pardon de ses péchés en imputant ces péchés à l'animal avant de l'abattre.

Le sacrificateur prend ensuite une partie du sang de l'animal, y trempe son doigt et l'asperge dans le Lieu Saint à l'intérieur de la tente de la rencontre, devant le voile du Lieu Saint. Ce « voile du Lieu Saint » est un rideau épais qui sépare le Lieu Saint du Lieu Très Saint. Les offrandes ne sont généralement pas offertes dans le Lieu Saint, mais sur l'autel qui se trouve dans le parvis du temple. Cependant, le sacrificateur entre dans le Lieu Saint avec le sang du sacrifice d'expiation et l'asperge devant le voile du Lieu Saint, juste devant le Lieu Très Saint où Dieu demeure.

Tremper son doigt dans le sang symbolise l'acte de supplier pour le pardon. Ce geste nous parle du fait que l'on ne se repent pas uniquement des lèvres ou avec un vœu, mais encore que l'on porte également les fruits de la repentance en abandonnant réellement le péché et le mal. Tremper le doigt dans le sang et l'asperger « sept fois » (ce chiffre sept est le chiffre de la perfection dans le monde spirituel) signifie que la personne abandonne complètement son péché. Nous ne pouvons recevoir le pardon parfait qu'après avoir complètement abandonné notre péché puis ne plus pécher.

Le sacrificateur met également une partie du sang sur les cornes de l'autel des parfums qui se trouve devant le Seigneur dans la tente de la rencontre et il verse le reste du sang sur l'autel des holocaustes à l'entrée de la tente de la rencontre (Lévitique 4:7). L'autel des parfums est un autel préparé pour brûler l'encens. Lorsque l'encens était mis à brûler, Dieu l'acceptait. Par ailleurs, les cornes représentent dans la Bible un roi avec sa dignité et son autorité. Ces cornes font donc référence au Roi, notre Dieu (Apocalypse 5:6). Mettre du sang sur les cornes de l'autel des parfums sert de signe que l'offrande a été acceptée par Dieu, notre Roi.

Comme pouvons-nous donc aujourd'hui nous repentir d'une façon que Dieu acceptera ? Nous avons déjà mentionné que le péché et le mal sont abandonnés en trempant le doigt dans le sang du sacrifice d'expiation et en aspergeant ce sang. Après être entrés en nous-mêmes et nous être repentis de nos péchés, nous devons venir au lieu Saint et confesser le péché en prière. Tout comme l'on mettait du sang de la victime sur les cornes pour que Dieu accepte le sacrifice, nous devons nous présenter devant l'autorité de Dieu le Roi et Lui offrir des prières de repentance. Nous devons pénétrer dans le Lieu Saint, nous agenouiller et prier au nom de Jésus-Christ et avec l'aide de l'œuvre du Saint-Esprit qui permet à l'esprit de repentance de venir sur nous. Cela ne signifie pas que nous devions venir au sanctuaire pour nous repentir. Dès que nous savons que nous avons péché contre Dieu, nous devons immédiatement nous repentir et changer de voie. Venir au Lieu Saint parle du Sabbat, le jour du Seigneur.

Contrairement au temps de l'Ancien Testament où seuls les sacrificateurs oints pouvaient communiquer avec Dieu, le Saint-Esprit fait Sa demeure dans notre cœur à chacun, de sorte qu'aujourd'hui nous pouvons prier et avoir une communion intime et directe avec Dieu. La prière de repentance peut donc également être offerte seule, au travers de l'œuvre du Saint-Esprit. Gardez, toutefois, à l'esprit que toute prière offerte est rendue parfaite lorsque l'on garde le jour du Seigneur saint.

Une personne qui ne garde pas le jour du Seigneur n'a spirituellement pas la preuve qu'elle est enfant de Dieu et ne peut recevoir le pardon même si elle offre des prières de repentance en solitaire. On ne peut être certain que la repentance est acceptée par Dieu que lorsque nous offrons des prières de repentance dès que nous réalisons que nous avons péché et que nous élevons à nouveau formellement des prières de repentances dans la maison de Dieu le jour du Seigneur.

Lorsque le sang a été appliqué sur les cornes de l'autel des parfums, le reste du sang est versé au pied de l'autel des holocaustes. Par cet acte, le sang est entièrement offert à Dieu. Ce sang est la vie de l'offrande, ce qui symbolise spirituellement que nous nous repentons de nos péchés d'un cœur entièrement consacré. Recevoir le pardon des péchés commis contre Dieu requiert une repentance offerte de tout notre cœur, de toute notre pensée et avec nos plus grands et sincères efforts. Celui qui a offert une vraie repentance à Dieu n'oserait pas commettre à nouveau les mêmes péchés devant Dieu.

Ensuite, le sacrificateur retire du taureau offert en holocauste toute la graisse et la met à brûler sur l'autel des holocaustes, tout comme pour le sacrifice de paix. Puis, il l'apporte à l'extérieur du camp où les cendres sont déversées et il brûle la peau et toute la chair du taureau avec sa tête, ses jambes et ses entrailles (Lévitique 4:8-12). Le fait de l'offrir à brûler nous montre que dans la vérité, notre moi est détruit et que seule la vérité survit.

Tout comme pour la graisse du sacrifice de paix, la graisse du sacrifice d'expiation est également retirée et mise à brûler sur l'autel. Offrir la graisse du taureau à brûler sur l'autel nous parle du fait que seule la repentance offerte de tout notre cœur, de toute notre pensée et de tout ce que nous avons et sommes sera acceptée devant Dieu.

Si toutes les parties de l'offrande étaient brûlées lors de l'holocauste, pour le sacrifice d'expiation toutes les parties à l'exception de la graisse et des reins sont brûlées sur un feu de bois à l'extérieur, à l'endroit où les cendres sont rejetées. Pourquoi ?

Comme l'holocauste est un culte spirituel dont le but est de plaire à Dieu et d'entrer dans une communion avec Lui, l'animal est brûlé sur l'autel du temple. Par contre, le but du sacrifice d'expiation est de nous racheter de nos péchés impurs et il ne peut donc pas être offert sur l'autel situé à l'intérieur du temple et doit être entièrement brûlé loin de l'endroit où les gens vivent.

Aujourd'hui encore, nous devons nous efforcer de rejeter complètement les péchés dont nous nous repentons devant Dieu. Nous devons mettre à brûler par le feu du Saint-Esprit l'arrogance, l'orgueil, notre vieille nature du temps où nous vivions dans le monde, les œuvres pécheresses du corps qui sont désagréables à Dieu, etc. Les péchés de la personne qui pose sa main sur lui sont imputés au sacrifice, soit au taureau. À partir de ce moment-là, la personne doit donc s'approcher comme sacrifice vivant et agréable à Dieu.

Que devons-nous donc faire aujourd'hui ?

Le parallèle spirituel entre les caractéristiques du taureau qui devait être offert et celles de Jésus, qui est mort pour nous racheter du péché, a déjà été expliqué. C'est pourquoi, si nous nous sommes repentis et avons offert à brûler toutes les parties de l'offrande, nous devons à partir de ce moment, tout comme pour un sacrifice offert à Dieu, être transformés à l'exemple de notre Seigneur qui est devenu un sacrifice d'expiation. En servant avec diligence les membres de l'église au nom de notre Seigneur, nous devons permettre aux croyants de se décharger de leurs fardeaux et ne leur fournir que la vérité et des choses bonnes. En nous dévouant pour les membres de notre église et en les aidant à cultiver le champ de leur cœur avec des larmes, de la persévérance et des prières, nous devons transformer nos frères et sœurs en des enfants de Dieu vrais et sanctifiés. Dieu considérera alors la repentance comme vraie et nous guidera sur le chemin de bénédictions.

Même si nous ne sommes pas serviteurs de Dieu à proprement parler, nous lisons dans 1 Pierre 2:9 : « Vous, au contraire, vous êtes une race élue, un sacerdoce royal, une nation sainte, un peuple acquis ». Nous tous qui croyons au Seigneur devons devenir parfaits comme les sacrificateurs et devenir de vrais enfants de Dieu.

Par ailleurs, une offrande apportée à Dieu doit accompagner la repentance lorsque nous nous repentons de nos péchés. Tous ceux qui regrettent vivement et se repentent de leurs erreurs seront naturellement conduits à apporter une offrande. Lorsque de telles œuvres accompagnent notre repentance, notre cœur peut être considéré comme recherchant la repentance véritable devant Dieu.

3. Le sacrifice d'expiation de toute l'assemblée

« Si c'est toute l'assemblée d'Israël qui a péché involontairement et sans s'en apercevoir, en faisant contre l'un des commandements de l'Eternel des choses qui ne doivent point se faire et en se rendant ainsi coupable, et que le péché qu'on a commis vienne à être découvert, l'assemblée offrira un jeune taureau en sacrifice d'expiation, et on l'amènera devant la tente d'assignation » (Lévitique 4:13-14).

Aujourd'hui, le péché de « toute l'assemblée » fait référence au péché de toute une église. Par exemple, il peut arriver que des factions se forment dans une église entre les serviteurs de Dieu, les anciens, les grandes diaconesses et que ces factions causent des problèmes pour toute la congrégation. Lorsque des factions commencent des disputes, l'église dans son ensemble finit par pécher et un mur épais de péché se crée entre Dieu et l'assemblée car la plupart des membres de l'église sont influencés par ces disputes et parlent mal ou éprouvent des sentiments négatifs les uns par rapport aux autres.

Dieu nous a d'ailleurs ordonné d'aimer nos ennemis, de servir autrui, de nous humilier nous-mêmes, d'être en paix avec tous et de rechercher la sainteté. Quel embarras et quel dommage pour Dieu et les serviteurs du Seigneur et leurs troupeaux lorsqu'il y a

Le sacrifice d'expiation · 105

des discordes ou que des frères et sœurs en Christ s'opposent les uns les autres ! Si de tels incidents ont lieu dans une église, celle-ci ne recevra pas la protection de Dieu, il n'y aura pas de réveil et des difficultés s'ensuivront à la maison et au travail pour ses membres.

Comment recevoir le pardon des péchés pour toute une assemblée ? Lorsque le péché de toute l'assemblé est révélé, il faut apporter un taureau à l'entrée de la tente de la rencontre. Les anciens posent alors les mains sur la tête de l'offrande, l'abattent devant le Seigneur et l'offrent à Dieu de la même manière que pour le sacrifice d'expiation des sacrificateurs. Les offrandes des sacrifices d'expiation des sacrificateurs et de toute l'assemblée sont identiques en valeur. Cela signifie qu'aux yeux de Dieu, le poids d'un péché commis par les sacrificateurs est identique à celui du péché de toute l'assemble.

Cependant, si les offrandes du sacrifice d'expiation des sacrificateurs doivent être des taureaux sans défaut, l'offrande du sacrifice d'expiation de toute l'assemblée doit simplement être un taureau. Cela est dû au fait qu'il n'est pas facile pour l'assemblée entière d'être d'un seul cœur et d'offrir un sacrifice dans la joie et avec reconnaissance.

Lorsqu'aujourd'hui une église dans son ensemble a péché et souhaite se repentir, il est possible que certains membres n'aient pas la foi ou que d'autres refusent de se repentir et aient le cœur troublé. Étant donné qu'il n'est pas évident pour toute une assemblé de Lui apporter une offrande sans défaut, Dieu a fait preuve de miséricorde à cet égard. Même si certains ne sont pas en mesure de donner l'offrande d'un cœur entier, lorsque la majorité de l'église se repent et se détourne de ses mauvaises voies, Dieu agrée le sacrifice d'expiation et pardonne l'assemblée.

Comme chaque membre de l'assemblée ne saurait pas poser sa main sur la tête de l'offrande, les anciens de l'assemblée le font au nom de tous lorsque l'assemblée présente le sacrifice d'expiation à Dieu.

Le reste de la procédure est identique à celle du sacrifice d'expiation des sacrificateurs : le sacrificateur trempe le doigt dans le sang de l'offrande, il asperge sept fois le sang devant le voile du Lieu Saint, il applique une partie du sang aux cornes de l'autel des parfums et brûle le reste hors du camp. Spirituellement, ces procédures nous parlent du fait de se détourner entièrement du péché. Nous devons également offrir une prière de repentance au nom de Jésus-Christ et par l'œuvre du Saint-Esprit dans le sanctuaire, de sorte que la repentance soit formellement acceptée. Après que toute l'assemblée se soit repentie d'un seul cœur de cette façon, le péché ne doit plus jamais être commis à nouveau.

4. Le sacrifice d'expiation d'un chef

Dans Lévitique 4:22-24, il est écrit :

« Si c'est un chef qui a péché, en faisant involontairement contre l'un des commandements de l'Eternel, son Dieu, des choses qui ne doivent point se faire et en se rendant ainsi coupable, et qu'il vienne à découvrir le péché qu'il a commis, il offrira en sacrifice un bouc mâle sans défaut. Il posera sa main sur la tête du bouc, qu'il égorgera dans le lieu où l'on égorge les holocaustes devant l'Eternel. C'est un sacrifice d'expiation. »

Bien qu'ils soient d'un rang inférieur aux sacrificateurs, les chefs sont néanmoins dans une position de guides du peuple et donc d'une catégorie différente des gens ordinaires. Les chefs offrent donc des boucs à Dieu. Ils sont d'une valeur moindre que les taureaux offerts par les sacrificateurs mais supérieure aux chèvres femelles offertes par les gens ordinaires comme sacrifice d'expiation. Aujourd'hui, le terme « chefs » dans une église s'applique aux responsables d'une équipe ou d'une cellule, ou aux enseignants d'école de Dimanche. Les responsables sont ceux qui servent comme guides pour les membres de l'église. Contrairement aux membres laïcs ou aux nouveaux dans la foi, ces responsables ont été consacrés à Dieu et doivent donc apporter à Dieu un plus grand fruit de repentance, et ce même si les péchés commis sont les mêmes.

Jadis, le chef posait sa main sur la tête du bouc sans défaut et lui imputait ainsi ses péchés avant de l'abattre devant Dieu. Le chef recevait ensuite le pardon des péchés lorsque le sacrificateur trempait son doigt dans le sang, l'appliquait aux cornes de l'autel des parfums et versait le reste au pied de l'autel des holocaustes. Tout comme pour le sacrifice de paix, la graisse du sacrifice est offerte à brûler sur l'autel.

Au contraire du sacrificateur, le chef n'asperge pas le sang sept fois devant le voile du lieu Saint. Lorsqu'il démontre sa repentance en appliquant le sang sur les cornes de l'autel des parfums, Dieu l'agrée. Cela est dû au fait que la mesure de foi d'un sacrificateur est différente de celle d'un chef. Pour montrer qu'il n'allait plus jamais commettre ce péché, le sacrificateur devait asperger ce sang sept fois devant le voile, sept étant spirituellement le chiffre parfait.

Le chef, cependant, pourrait inconsciemment pécher à nouveau et, à cause de cela, il ne lui est pas ordonné d'asperger le sang de l'offrande sept fois. Il s'agit là d'un signe de l'amour et de la miséricorde de Dieu, qui veut recevoir la repentance de chaque personne selon son niveau de foi et qui répand le pardon. Jusqu'à présent, dans notre discussion sur le sacrifice d'expiation, le « sacrificateur » a été assimilé à un « serviteur de Dieu » et le « chef » à une « personne travaillant dans un rôle de responsabilité ».

Ces termes ne se limitent, toutefois, pas à des tâches confiées par Dieu dans le cadre d'une église, mais font également référence au niveau de foi de chaque croyant.

Le serviteur de Dieu devrait être sanctifié par la foi et chargé de guider un troupeau de croyants. Il n'est que naturel que la foi d'une personne dans une position de guide, comme leader d'équipe ou leader de cellule ou enseignant d'école de Dimanche, soit à un niveau différent de celle du croyant ordinaire, même s'il n'a pas encore atteint la sainteté parfaite. Les niveaux de foi diffèrent entre un serviteur de Dieu, un responsable et un chrétien ordinaire, et donc l'implication du péché et le niveau de repentance recherché par Dieu sont différents, et ce même pour un péché identique.

Cela ne veut pas dire que le croyant ordinaire aurait raison de penser : « Comme ma foi n'est pas encore parfaite, Dieu me donnera une autre chance même si je pèche encore plus tard » et se repente avec un tel cœur. Le pardon de Dieu par la repentance ne sera pas accordé si une personne commet volontairement et sciemment un péché mais bien si une personne a péché sans le savoir, le réalise plus tard et se met à rechercher le pardon du péché. De plus, une fois que la personne a commis ce péché et s'en est repentie, Dieu n'acceptera cette repentance que lorsque la personne fera tous ces efforts avec des prières ferventes pour ne plus jamais commettre ce même péché.

5. Le sacrifice d'expiation des gens ordinaires

Les « gens ordinaires » sont les gens de peu de foi ou les membres ordinaires de l'église. Lorsque des gens ordinaires commettent des péchés, ils le font tout en étant des gens de peu de foi, et donc le poids de leur sacrifice d'expiation est moindre que celui d'un sacrificateur ou d'un chef. Les gens ordinaires doivent offrir à Dieu une chèvre femelle sans défaut, qui est d'une valeur inférieure à celle du bouc. Comme pour le sacrifice d'expiation offert par un sacrificateur ou un chef, le sacrificateur doit tremper son doigt dans le sang de l'animal offert en sacrifice d'expiation par les gens ordinaires, l'appliquer aux cornes de l'autel des parfums et en verser le reste au pied de l'autel.

Quoiqu'il soit probable que la personne ordinaire pèche à nouveau par après à cause de sa petite foi, si elle regrette et déchire son cœur en repentance pour ses péchés, Dieu fera preuve de compassion et la pardonnera. De plus, le fait que Dieu ait ordonné qu'une « chèvre femelle » soit offerte nous montre que les péchés commis à ce niveau sont plus faciles à pardonner que les péchés pour lesquels un bouc ou un agneau doivent être offerts. Cela ne signifie pas que Dieu permet une repentance modérée. Il faut offrir à Dieu une vraie repentance et être déterminé à ne plus jamais pécher.

Lorsqu'une personne dont la foi est faible comprend, se repent de ses péchés et fait tous ses effort pour ne plus commettre à nouveau ces péchés, la fréquence à laquelle elle péchera se réduira de dix à cinq ou trois fois. Elle sera finalement capable d'y résister complètement. Dieu accepte la repentance accompagnée de fruits. Il n'accepte pas la repentance, même d'un nouveau dans la foi, si celle-ci consiste en un culte des lèvres sans changement de cœur.

Dieu agréera et se réjouira d'un nouveau dans la foi qui se repent immédiatement de ses péchés lorsqu'il les reconnaît et les abandonne avec diligence. Plutôt que de penser « étant donné que ceci est le niveau de ma foi, ceci est bien suffisant pour moi », il est préférable de faire tous nos efforts pour aller au-delà de nos propres capacités dans la prière, l'adoration et tous les autres aspects de la vie en Christ. C'est alors que nous ferons l'expérience d'un amour et de bénédictions qui jailliront de Dieu de façon encore plus débordante.

Lorsqu'on ne peut apporter une chèvre et que l'on apporte une agnelle à la place, celle-ci doit tout de même être sans défaut (Lévitique 4:32). Le pauvre apporte deux tourterelles ou deux jeunes pigeons et celui qui est encore plus pauvre apporte une petite quantité de fleur de farine (Lévitique 5:7, 11). Le Dieu de justice classait donc et acceptait les sacrifices d'expiation en vertu de la mesure de foi de chaque individu.

Nous avons à présent considéré les façons de faire l'expiation de nos péchés et la paix avec Dieu en nous penchant sur les sacrifices d'expiation offerts à Dieu par les gens de différents rangs et aux responsabilités différentes. J'espère que chaque lecteur fera la paix avec Dieu en examinant ses tâches données par Dieu et l'état de sa foi, tout en se repentant entièrement de toutes fautes et péchés lorsqu'un mur de péché se trouve entre lui et Dieu.

Chapitre 7

Le sacrifice de culpabilité

« Lorsque quelqu'un commettra une infidélité et péchera involontairement à l'égard des choses consacrées à l'Eternel, il offrira en sacrifice de culpabilité à l'Eternel pour son péché un bélier sans défaut, pris du troupeau d'après ton estimation en sicles d'argent, selon le sicle du sanctuaire. »

Lévitique 5:15

1. La signification du sacrifice de culpabilité

Le sacrifice de culpabilité est offert à Dieu en dédommagement pour un péché commis. Lorsque des gens de Dieu pèchent contre Lui, ils doivent Lui apporter un sacrifice de culpabilité et se repentir devant Dieu. Cependant, en fonction du type de péché, la personne qui a péché doit non seulement se détourner de ses mauvaises voies, mais également assumer la responsabilité de ses mauvaises actions. Imaginons, par exemple, qu'une personne ait emprunté à son ami un objet et l'ait accidentellement endommagé. La personne ne peut pas se contenter de dire « je suis désolé ». Elle doit non seulement présenter ses excuses, mais également rembourser à son ami la valeur de l'objet. Si la personne n'est pas en mesure de racheter le même objet en remplacement de celui qui est détruit, elle doit rembourser à son ami une somme équivalente à la valeur de l'objet comme dédommagement. C'est cela la vraie repentance.

Apporter un sacrifice pour le péché nous parle du fait de restaurer la paix par une restitution ou une prise de responsabilité pour les erreurs commises. Cela s'applique également à la repentance devant Dieu. Tout comme il nous faut apporter une compensation pour un mal causé à nos frères et sœurs en Christ, nous devons également manifester des œuvres de vraie repentance par rapport à Dieu si nous avons péché contre Lui. C'est alors que notre repentance sera complète.

2. Les circonstances et les façons de présenter un sacrifice de culpabilité

1) Après avoir donné un faux témoignage
Lévitique 5:1 : « Lorsque quelqu'un, après avoir été mis sous

serment comme témoin, péchera en ne déclarant pas ce qu'il a vu ou ce qu'il sait, il restera chargé de sa faute. » Il arrive que des gens, même après avoir juré de dire la vérité, donnent de faux témoignages lorsque leurs propres intérêts sont en jeu.

Supposons, par exemple, que votre propre enfant ait commis un crime et qu'une personne innocente en soit accusée. Si vous deviez comparaître comme témoin, pourriez-vous présenter un témoignage véridique ? Si vous gardiez le silence pour protéger votre enfant, causant ainsi préjudice à autrui, les gens pourraient bien ne pas connaître la vérité, mais Dieu sait tout. C'est pourquoi un témoin doit énoncer exactement ce qu'il ou elle a vu et entendu de sorte que, par un procès équitable, personne ne souffre injustement.

Il devrait également en être ainsi dans notre vie de tous les jours. Nombreux sont ceux qui sont incapables d'expliquer correctement ce qu'ils ont vu et entendu et qui, à cause de leurs propres opinions, transmettent des informations erronées. D'autres rendent de faux témoignages en inventant des histoires selon lesquelles ils auraient vu des choses qu'ils n'ont en réalité pas vues. À cause de ce genre de faux témoignages, des gens ont été faussement accusés de crimes qu'ils n'avaient pas commis et souffrent donc injustement. Nous pouvons lire dans Jacques 4:17 : « Celui donc qui sait faire ce qui est bien, et qui ne le fait pas, commet un péché. » Les enfants de Dieu qui connaissent la vérité doivent discerner selon cette vérité et fournir un témoignage correct de sorte que personne d'autre ne se retrouve dans des problèmes ou ne subisse des torts.

Si la bonté et la vérité sont ancrées dans nos cœurs, nous dirons toujours la vérité en tout. Nous ne parlerons pas mal d'autrui, nous ne rejetterons pas la faute sur d'autres, nous ne déformerons pas la vérité et nous ne donnerons pas de réponses non pertinentes. Si quelqu'un a nui à autrui en évitant de faire des déclarations lorsqu'il fallait en faire ou en rendant un faux témoignage, il doit offrir à Dieu un sacrifice de culpabilité.

2) Après avoir été en contact avec des choses impures

Nous lisons dans Lévitique 5:2-3

> Lorsque quelqu'un, sans s'en apercevoir, touchera une chose souillée, comme le cadavre d'un animal impur, que ce soit d'une bête sauvage ou domestique, ou bien d'un reptile, il deviendra lui-même impur et il se rendra coupable. Lorsque, sans y prendre garde, il touchera une souillure humaine quelconque, et qu'il s'en aperçoive plus tard, il en sera coupable.

Ici, l'expression « une chose souillée » nous parle spirituellement de tous comportements mensongers contraires à la vérité. Ces comportements incluent des choses vues, entendues, dites ou même ressenties par le corps et le cœur. Avant de connaître la vérité, il y avait des choses que nous ne considérions pas comme étant des péchés. Après avoir appris la vérité, cependant, nous commençons à comprendre que ces mêmes choses sont mauvaises aux yeux de Dieu. Par exemple, lorsque nous ne connaissions pas Dieu, il se peut que nous ayons vu de la violence ou des choses obscènes, comme la pornographie, sans réaliser que ces choses étaient impures. Toutefois, quand nous avons commencé à marcher avec Christ, nous avons réalisé que ces choses étaient opposées à la vérité. Lorsque nous nous rendons compte que nous avons fait des choses impures par rapport à la vérité, nous devons nous repentir et offrir à Dieu un sacrifice de culpabilité.

Même dans notre vie en Christ, cependant, il arrive que nous voyions et entendions involontairement des choses mauvaises. Ce serait bien si nous pouvions garder nos cœurs même après avoir vu ou entendu de telles choses. Toutefois, il est possible qu'un croyant ne soit pas en mesure de garder son cœur mais accepte les sentiments qui accompagnent ces choses impures. Il doit alors se repentir dès qu'il réalise son péché et offrir à Dieu un sacrifice de culpabilité.

3) Après avoir juré

Il est écrit dans Lévitique 5:4 : « Lorsque quelqu'un, parlant à la légère, jure de faire du mal ou du bien, et que, ne l'ayant pas remarqué d'abord, il s'en aperçoive plus tard, il en sera coupable. » Dieu nous défend de jurer « de faire du mal ou du bien ».

Pourquoi Dieu nous interdit-Il de jurer, de faire un vœu ou un serment ? Il est compréhensible que Dieu nous interdise de jurer de « faire du mal », mais Il nous défend également de jurer de « faire du bien » parce que l'homme est incapable de tenir 100 % de ses promesses (voir Matthieu 5:33-37, Jacques 5:12). Jusqu'à ce qu'il soit rendu parfait par la vérité, le cœur de l'homme peut toujours être influencé par ses propres intérêts et émotions et ne pas tenir ce qu'il a promis. En outre, il arrive que l'ennemi diable et Satan interfèrent avec la vie des croyants et les empêchent de s'acquitter de leurs serments afin de pouvoir créer des motifs d'accusation contre ces croyants. Considérons cet exemple extrême : Imaginons qu'une personne jure : « Je ferai ceci et cela demain » mais qu'elle meure soudainement aujourd'hui. Comment pourra-t-elle garder sa promesse ?

Nous ne devons donc jamais jurer de faire le mal et, même si nous voulons jurer de faire le bien, il vaut mieux prier Dieu et chercher Sa force. Par exemple, si la même personne a promis de prier sans cesse, au lieu de promettre : « je viendrai chaque soir à la réunion de prière », il vaut mieux prier : « Seigneur, aide-moi à prier sans cesse et garde-moi de l'ingérence de l'ennemi diable et Satan ». Si quelqu'un a juré trop vite, il doit s'en repentir et offrir à Dieu un sacrifice de culpabilité.

Si quelqu'un a péché dans ces trois circonstances susmentionnées, celui qui est concerné « offrira en sacrifice de culpabilité à l'Eternel, pour le péché qu'il a commis, une femelle de menu bétail, une brebis ou une chèvre, comme victime expiatoire. Et le sacrificateur fera pour lui l'expiation de son péché. »

Ici, il est ordonné dans cette explication du sacrifice de culpabilité qu'un sacrifice d'expiation soit également offert. Cela est dû au fait que pour les péchés pour lesquels un sacrifice de culpabilité doit être offert, il faut également offrir un sacrifice d'expiation. Comme nous l'avons expliqué plus haut, le sacrifice d'expiation implique que l'on se repente devant Dieu après avoir péché et que l'on abandonne complètement ce péché. Cependant, nous avons également vu que le péché exige non seulement que l'on se détourne de ses mauvaises voies, mais également que l'on prenne la responsabilité de ce péché. Le sacrifice de culpabilité rend cette repentance complète lorsque la personne en question offre un paiement en dédommagement d'une perte ou d'une blessure ou assume la responsabilité au travers de certains actes.

Dans de telles circonstances, la personne doit non seulement assurer le dédommagement, mais également offrir à Dieu un sacrifice de culpabilité accompagné d'un sacrifice d'expiation tout en se repentant devant Dieu. Même si la personne a mal agi contre une autre personne, comme elle a commis un péché qu'elle n'était pas censée commettre en tant qu'enfant de Dieu, cette personne doit se repentir devant son Père céleste.

Supposons qu'un homme ait trompé sa sœur et mis la main sur

une propriété qui revenait à elle. Si le frère souhaite se repentir, il doit tout d'abord déchirer son cœur en repentance devant Dieu et rejeter la cupidité et la tromperie. Il doit ensuite recevoir le pardon de sa sœur envers laquelle il a mal agi. Il ne doit pas se contenter de présenter des excuses des lèvres, mais il doit assurer un dédommagement proportionnel à la perte subie par sa sœur à cause de ses actions. Dans ce cas, le « sacrifice d'expiation » de cet homme consiste à se détourner de ses mauvaises actions et à se repentir devant Dieu. Son « sacrifice de culpabilité » est l'acte de repentance par lequel il cherche le pardon de sa sœur et offre un dédommagement et une compensation pour sa perte.

Dans Lévitique 5:6, Dieu ordonne qu'une agnelle ou une chèvre soit offerte lorsque l'on apporte un sacrifice d'expiation pour accompagner un sacrifice de culpabilité. Dans le verset suivant, nous lisons que ceux qui ne peuvent se procurer un agneau ou une chèvre doivent offrir deux tourterelles ou deux jeunes pigeons comme sacrifice de culpabilité. Gardez à l'esprit que les deux types d'oiseaux sont proposés. L'un est donné comme offrande pour le péché et l'autre en holocauste.

Pourquoi Dieu a-t-Il ordonné qu'un holocauste soit offert en même temps que le sacrifice d'expiation avec deux tourterelles ou deux jeunes pigeons ? L'holocauste signifie de garder le Sabbat sain. Dans le culte spirituel, il s'agit de l'offrande du culte rendu à Dieu le Dimanche. Donc, l'ancienne l'offrande de deux tourterelles ou de deux jeunes pigeons, comme sacrifice d'expiation accompagné d'un holocauste montre que le repentir d'un homme est rendu parfait lorsqu'il garde le jour du Seigneur saint. La repentance parfaite nécessite non seulement que la personne se repente au moment où elle se rend compte qu'elle a commis un péché, mais requiert également ses confessions de péchés et la repentance dans le sanctuaire de Dieu le jour du Seigneur.

Si une personne est si pauvre qu'elle est incapable d'offrir ne serait-ce que des tourterelles ou de jeunes pigeons, elle doit offrir à Dieu un dixième d'ephah (environ 22 litres) de fleur de farine. Le sacrifice d'expiation est censé être un animal car il s'agit d'un sacrifice pour le pardon. Néanmoins, dans Sa miséricorde, Dieu a permis que les pauvres qui étaient incapables de Lui offrir un animal Lui offrent de la fleur de farine à la place afin de pouvoir recevoir le pardon de leurs péchés.

Il y a une différence entre un sacrifice expiatoire constitué de fleur de farine et l'offrande de grains de farine. Si l'huile et l'encens étaient ajoutés à l'offrande pour la rendre parfumée et lui donner une apparence plus riche, ni l'un ni l'autre n'était ajouté au sacrifice d'expiation. Pourquoi ? Mettre à brûler un sacrifice d'expiation revient à mettre au feu son propre péché.

Spirituellement, le fait que ni huile ni encens n'étaient ajoutés à la farine, nous parle de l'attitude que l'homme doit avoir pour comparaître devant Dieu et se repentir. 1 Rois 21:27 nous dit que lorsque le roi Achab s'est repenti devant Dieu, il « déchira ses vêtements, il mit un sac sur son corps, et il jeûna; il couchait avec ce sac, et il marchait lentement. » Celui qui déchire son cœur en repentance, va naturellement bien se comporter, va faire preuve de maîtrise de soi et va s'humilier. Il sera prudent dans ses paroles et son comportement et montrera à Dieu qu'il s'efforce de mener une vie de modération.

4) Après avoir péché contre des choses saintes ou causé une perte es frères en Christ

Dans Lévitique 5:15-16, il est écrit :

« Lorsque quelqu'un commettra une infidélité et péchera involontairement à l'égard des choses consacrées à l'Eternel, il offrira en sacrifice de culpabilité à l'Eternel pour son péché un bélier sans défaut, pris du troupeau d'après ton estimation en sicles d'argent, selon le sicle du sanctuaire. Il donnera, en y ajoutant un cinquième, la valeur de la chose dont il a frustré le sanctuaire, et il la remettra au sacrificateur. Et le sacrificateur fera pour lui l'expiation avec le bélier offert en sacrifice de culpabilité, et il lui sera pardonné. »

L'expression « choses consacrées à l'Éternel » se réfère au sanctuaire de Dieu et à toutes les choses qui s'y trouvent. Même le serviteur de Dieu ou l'individu qui apporte l'offrande ne peut prendre, utiliser ou vendre des objets qui ont été mis à part pour Dieu et sont donc considérés comme sacrés. De plus, les choses considérées comme sacrées ne se limitent pas à ces seuls objets sacrés mais également à tout le sanctuaire dans son ensemble. Un sanctuaire est un endroit que Dieu a mis à part et qui porte Son nom.

Aucune parole mondaine ou mensongère ne peut jamais être prononcée dans le sanctuaire. Les croyants qui sont parents doivent également bien éduquer leurs enfants de sorte qu'ils ne courent et ne jouent pas dans leur sanctuaire, qu'ils ne fassent pas de bruits distrayants, de crasses ou de désordre ou qu'ils n'abîment pas des choses saintes du sanctuaire.

Si une chose sainte de Dieu est détruite par accident, la personne qui a détruit cette chose en question doit la remplacer par un objet de meilleure qualité et sans défaut. Par ailleurs, le dédommagement ne doit pas se limiter à la valeur de l'article endommagé, mais un cinquième de cette valeur doit être ajouté comme sacrifice de culpabilité. Dieu a voulu que ce soit ainsi pour que l'on se rappelle d'agir de façon acceptable et avec maîtrise de soi. Lorsque nous entrons en contact avec des choses saintes, nous devons toujours faire preuve de prudence et de retenue afin de ne pas endommager des choses qui appartiennent à Dieu ou en faire un mauvais usage. Si nous abîmons quoique soit à cause de notre négligence, nous devons nous repentir du fond de notre cœur et procéder à la restitution par des objets en grande quantité ou d'une plus grande valeur par rapport aux objets endommagés.

Lévitique 5:21-22 nous explique comment un individu peut recevoir le pardon s'il a péché en commettant « en mentant à son prochain au sujet d'un dépôt, d'un objet confié à sa garde, d'une chose volée ou soustraite par fraude » ou « en niant avoir trouvé une chose perdue, ou en faisant un faux serment sur une chose quelconque ». Il s'agit d'une façon de se repentir de maux commis avant de venir à la foi en Dieu, de s'en repentir et de recevoir le pardon en réalisant de notre propre chef que nous avons inconsciemment pris des objets qui appartenaient à quelqu'un d'autre.

Pour faire l'expiation de tels péchés, le propriétaire d'origine doit être dédommagé en récupérant le produit subtilisé plus un cinquième de la valeur de cet objet. Ici, « un cinquième » ne parle pas nécessairement d'une quantité exprimée en chiffres. Cela signifie également que quand une personne manifeste des œuvres de repentance, celles-ci doivent trouver leur source dans le plus profond de son cœur. Alors Dieu lui pardonnera tous ses péchés. Par exemple, il peut arriver que toutes les erreurs du passé ne puissent être répertoriées une à une et donc qu'un dédommagement précis soit impossible. Dans de tels cas, il suffit de manifester diligemment des œuvres de repentance à partir de ce moment-là. L'argent gagné au travail ou dans les affaires peut permettre de donner diligemment pour le royaume de Dieu ou de fournir une aide financière à des gens dans le besoin. Lorsqu'une personne fait preuve de telles œuvres de repentance, Dieu prendra compte de son cœur et lui pardonnera ses péchés.

N'oubliez, cependant, pas que la repentance est l'ingrédient le plus important du sacrifice de culpabilité et du sacrifice d'expiation. Ce que Dieu désire de nous, ce n'est pas une vache grasse mais un esprit contrit (Psaumes 51:19). C'est pourquoi, lorsque nous adorons Dieu, nous devons nous repentir de notre péché et du mal du plus profond de notre cœur et porter les fruits adéquats. J'espère qu'en offrant à Dieu une adoration et des offrandes d'une façon qui Lui soit agréable, et vos vies en sacrifice vivant qu'Il agrée, vous marcherez toujours dans une abondance de Son amour et de Ses bénédictions.

Chapitre 8

Présentez votre corps comme un sacrifice vivant et saint

« Je vous exhorte donc, frères, par les compassions de Dieu, à offrir vos corps comme un sacrifice vivant, saint, agréable à Dieu, ce qui sera de votre part un culte raisonnable. »

Romains 12:1

1. Les mille holocaustes de Salomon et ses bénédictions

Salomon est devenu roi à l'âge de 20 ans. Dès sa jeunesse, il avait été enseigné dans la foi par le prophète Nathan, aimait Dieu et marchait dans les voies de son père, le roi David. Lorsqu'il est devenu roi, Salomon a offert à Dieu un millier d'holocaustes.

Offrir mille holocaustes était tout sauf facile. De nombreuses restrictions existaient quant à l'endroit, l'heure, le contenu et les méthodes de sacrifice pour les gens de l'époque de l'Ancien Testament. Par ailleurs, contrairement aux gens ordinaires, le roi Salomon aurait eu besoin de beaucoup d'espace car beaucoup de gens l'accompagnaient et qu'il avait un grand nombre de sacrifices à offrir. Dans 2 Chroniques 1:2-3, la Bible dit : « Salomon donna des ordres à tout Israël, aux chefs de milliers et de centaines, aux juges, aux princes de tout Israël, aux chefs des maisons paternelles; et Salomon se rendit avec toute l'assemblée au haut lieu qui était à Gabaon. Là se trouvait la tente d'assignation de Dieu, faite dans le désert par Moïse, serviteur de l'Eternel. » Salomon est allé à Gabaon car la Tente de la Rencontre, que Moïse avait construite dans le désert, s'y trouvait.

Avec toute l'assemblée, Salomon s'est présenté devant le Seigneur à l'autel d'airain qui était devant la Tente d'Assignation et a offert à Dieu un millier d'holocaustes. Nous avons expliqué plus haut qu'un holocauste est un sacrifice offert à Dieu dont un parfum se dégage parce que l'animal offert est brûlé sur l'autel. De plus, cette vie offerte à Dieu symbolise un sacrifice et un dévouement total.

Cette nuit-là, Dieu est apparu à Salomon dans un rêve et lui a dit

: « Demande ce que tu veux que je te donne » (2 Chroniques 1:7). Salomon a répondu :

> Tu as traité David, mon père, avec une grande bienveillance, et tu m'as fait régner à sa place. Maintenant, Eternel Dieu, que ta promesse à David, mon père, s'accomplisse, puisque tu m'as fait régner sur un peuple nombreux comme la poussière de la terre! Accorde-moi donc de la sagesse et de l'intelligence, afin que je sache me conduire à la tête de ce peuple! Car qui pourrait juger ton peuple, ce peuple si grand? (2 Chroniques 1:8-10).

Salomon n'a pas demandé de richesses, d'honneur, la vie de ses ennemis ou une longue vie. Il n'a demandé que la sagesse et la connaissance pour bien gouverner son peuple. Dieu a été satisfait de la réponse de Salomon et a donné au roi non seulement la sagesse et la connaissance qu'il avait demandée, mais aussi la richesse et l'honneur qu'il n'avait pas demandés.

Dieu a répondu à Salomon : « La sagesse et l'intelligence te sont accordées. Je te donnerai, en outre, des richesses, des biens et de la gloire, comme n'en a jamais eu aucun roi avant toi et comme n'en aura aucun après toi » (verset 12).

Lorsque nous offrons à Dieu un culte spirituel d'adoration d'une façon qui lui est agréable, Il nous bénira de sorte que nous prospérions en tout et soyons en bonne santé tout comme notre âme prospère.

2. De l'ère du Tabernacle à l'âge du Temple

Après l'unification de son royaume, la stabilité s'était installée. Cependant, une chose troublait le cœur du roi David, père de Salomon : le Temple de Dieu n'avait pas encore été construit. David était consterné de voir que l'Arche de Dieu se trouvait dans une tente faite de rideaux alors que, lui, il résidait dans un palais en bois de cèdre. Il a alors décidé de construire un temple. Pourtant, Dieu ne lui a pas permis de réaliser son projet. David avait, en effet, fait couler beaucoup de sang lors de batailles, ce qui le rendait impropre à construire un temple pour Dieu.

« Mais la parole de l'Eternel m'a été ainsi adressée: Tu as versé beaucoup de sang, et tu as fait de grandes guerres; tu ne bâtiras pas une maison à mon nom, car tu as versé devant moi beaucoup de sang sur la terre » (1 Chroniques 22:8).

« Mais Dieu m'a dit: Tu ne bâtiras pas une maison à mon nom, car tu es un homme de guerre et tu as versé du sang » (1 Chroniques 28:3).

Le roi David n'était donc pas en mesure de réaliser son rêve et de construire le Temple mais il a néanmoins obéi à la Parole de Dieu avec reconnaissance. Il a également préparé l'or, l'argent, le bronze, les pierres précieuses et le bois de cèdre nécessaires pour que le prochain roi, son fils Salomon, puisse construire le Temple.

Dans sa quatrième année de règne, Salomon a promis de respecter la volonté de Dieu et de construire le Temple. Il a commencé le projet de construction sur le mont Morija à Jérusalem et l'a terminé en sept ans. Quatre cent quatre-vingts ans après que le peuple d'Israël a quitté l'Égypte, le Temple de Dieu était achevé. Salomon a fait apporter au Temple l'Arche du Témoignage (ou Arche de l'Alliance) et toutes les autres choses saintes. Lorsque les sacrificateurs ont placé l'Arche du Témoignage dans le Lieu Très Saint, la gloire de Dieu a rempli le bâtiment de sorte que « les sacrificateurs ne purent pas y rester pour faire le service, à cause de la nuée; car la gloire de l'Eternel remplissait la maison de l'Eternel » (1 Rois 8:11). C'est ainsi que s'achevait l'ère du Tabernacle et que commençait l'Âge du Temple.

Dans sa prière de consécration du Temple à Dieu, Salomon implore Dieu de pardonner Son peuple quand celui-ci se tourne en direction du Temple dans la prière fervente, même après qu'ils ont été frappés d'afflictions à cause de leurs péchés.

« Daigne exaucer la supplication de ton serviteur et de ton peuple d'Israël, lorsqu'ils prieront en ce lieu! Exauce du lieu de ta demeure, des cieux, exauce et pardonne! » (1 Rois 8:30).

Le roi Salomon, qui savait bien à quel point la construction du Temple avait à la fois été agréable à Dieu et une bénédiction, implore Dieu avec audace pour son peuple. En entendant la prière du roi, Dieu a répondu :

« J'exauce ta prière et ta supplication que tu m'as adressées, je sanctifie cette maison que tu as bâtie pour y mettre à jamais mon nom, et j'aurai toujours là mes yeux et mon cœur » (1 Rois 9:3).

Par conséquent, lorsqu'aujourd'hui nous adorons Dieu de tout notre cœur, de tout notre esprit et avec la plus grande sincérité dans un sanctuaire sacré où Dieu habite, Dieu vient à notre rencontre et répond aux désirs de nos cœurs.

3. Le culte charnel et le culte spirituel

La Bible nous indique qu'il existe des types de cultes que Dieu n'agrée pas. - En fonction du cœur avec lequel l'adoration est offerte, il y a des cultes d'adoration spirituels que Dieu accepte et un culte d'adoration charnel qu'il rejette.

Adam et Ève ont été chassés du jardin d'Éden suite à leur désobéissance. Dans Genèse 4, nous pouvons lire l'histoire de leurs deux fils. Leur aîné se nommait Caïn et le plus jeune Abel. Étant devenus des adultes, Caïn et Abel ont chacun présenté une offrande à Dieu. Caïn était agriculteur et il a offert « des fruits de la terre » (verset 3) et Abel a, lui, fait une offrande « des premiers-nés de son troupeau et de leur graisse » (verset 4). Dieu a ensuite porté « un regard favorable sur Abel et sur son offrande; mais il ne porta pas un regard favorable sur Caïn et sur son offrande » (versets 4-5).

Pourquoi Dieu n'a-t-Il pas accepté l'offrande de Caïn ? Hébreux 9:22 nous apprend qu'une offrande présentée à Dieu doit être une offrande de sang pour que les péchés soient pardonnés, et ce en vertu de la loi du monde spirituel. C'est pourquoi des animaux comme des taureaux ou des moutons étaient offerts en sacrifice au temps de l'Ancien Testament. C'est également pour cela que Jésus, l'Agneau de Dieu, est devenu un sacrifice expiatoire en versant Son sang au temps du Nouveau Testament.

Hébreux 11:4 déclare : « C'est par la foi qu'Abel offrit à Dieu un sacrifice plus excellent que celui de Caïn; c'est par elle qu'il fut déclaré juste, Dieu approuvant ses offrandes; et c'est par elle qu'il parle encore, quoique mort. » Autrement dit, Dieu a accepté l'offrande d'Abel parce qu'il avait apporté à Dieu une offrande de sang selon Sa volonté. Il a refusé l'offrande de Caïn qui n'était pas conforme à Sa volonté.

Nous pouvons lire dans Lévitique 10:1-2 le récit de Nadab et d'Abihu qui avaient apporté devant l'Éternel « du feu étranger, ce qu'il ne leur avait point ordonné ». Un feu est alors sorti qui « les consuma: ils moururent devant l'Eternel ». Nous lisons également dans 1 Samuel 13 que Dieu a abandonné le roi Saül après que celui-ci a commis le péché d'accomplir la tâche du prophète Samuel. Avant une bataille serrée avec les Philistins, le roi Saül a présenté lui-même une offrande à Dieu parce que le prophète Samuel n'était pas venu le jour qui avait été décidé. Lorsque Samuel est finalement arrivé, l'offrande avait déjà été présentée par Saül qui a tenté de se justifier en expliquant au prophète que c'était à contrecœur mais qu'il y avait été obligé parce que le peuple commençait à l'abandonner. Samuel répond sévèrement à Saül : « Tu as agi en insensé » puis il lui annonce que Dieu l'avait désormais abandonné.

Dans Malachie 1:6-10, Dieu reproche aux enfants d'Israël de ne pas avoir donné à Dieu ce qu'ils avaient de mieux à offrir, mais qu'ils Lui ont, au contraire, offert des choses qui leur étaient superflues. Dieu ajoute qu'Il n'acceptera pas le type d'adoration qui se contente d'une formalité religieuse sans que le cœur du peuple n'y soit. Aujourd'hui, cela signifie que Dieu n'acceptera pas un culte d'adoration charnel. Jean 4:23-24 nous affirme que Dieu accepte volontiers le culte spirituel d'adoration que le peuple Lui offre en esprit et en vérité et qu'Il bénit ceux qui pratiquent la justice, la miséricorde et la fidélité. Matthieu 15:7-9 et 23 :13-18 nous montre que Jésus réprimandait fortement les pharisiens et les scribes de Son époque qui respectaient strictement les traditions des hommes mais dont les cœurs n'adoraient pas Dieu en vérité. Dieu n'accepte pas le culte que l'homme offre de façon arbitraire.

L'adoration doit être offerte selon les principes établis par Dieu. C'est en cela que le christianisme diffère clairement des autres religions dont les adhérents créent un culte qui satisfait leurs besoins et apportent une adoration comme bon leur semble. -D'un côté, le culte d'adoration charnel est un culte absurde par lequel un individu se contente de venir au sanctuaire et de participer au culte. D'un autre côté, le culte d'adoration spirituel est l'expression de l'adoration qui jaillit du cœur et la participation à un culte d'adoration en esprit et en vérité par des enfants de Dieu qui aiment leur Père céleste. C'est pourquoi, de deux personnes qui offrent une adoration au même endroit au même moment, Dieu acceptera l'adoration de l'un et refusera celle de l'autre, et ceci en fonction du cœur de chaque individu. Même si des gens viennent au sanctuaire pour adorer Dieu, cela sera inutile si Dieu dit : « Je n'agrée pas ton culte ».

4. Présentez votre corps comme un sacrifice vivant et saint

Si le but de notre existence est de magnifier Dieu, l'adoration doit donc être au centre de nos vies et nous devons vivre chaque instant avec une attitude d'adoration pour Dieu. Le sacrifice vivant et saint que Dieu accepte, cette adoration en esprit et en vérité, n'est pas complet si on ne fait que de venir à l'église le Dimanche et que l'on continue de vivre selon nos propres envies et désirs le reste de la semaine. Nous sommes appelés à adorer Dieu en tout temps et en tous lieux.

Se rendre à l'église pour adorer Dieu doit se faire dans le prolongement d'une vie qui est déjà consacrée à l'adoration. Étant donné que toute adoration séparée de la vie réelle ne constitue pas un vrai culte, la vie du croyant dans son ensemble doit être celle d'un culte spirituel offert à Dieu. Nous devons non seulement offrir un beau culte d'adoration dans le sanctuaire conformément aux procédures et significations adéquates, mais encore mener des vies saintes et pures en obéissant à toutes les lois de Dieu dans nos vies de tous les jours.

Romains 12:1 nous dit : « Je vous exhorte donc, frères, par les compassions de Dieu, à offrir vos corps comme un sacrifice vivant, saint, agréable à Dieu, ce qui sera de votre part un culte raisonnable. » À l'image de Jésus qui a sauvé toute l'humanité en offrant Son corps en sacrifice, Dieu veut que nous présentions également nos corps comme un sacrifice vivant et saint.

Au-delà du temple visible et, comme le Saint-Esprit, qui est un avec Dieu, demeure dans nos cœurs, chacun d'entre nous doit devenir un temple également (1 Corinthiens 6:19-20). Nous devons chaque jour être renouvelés dans la vérité et nous garder consacrés.

Lorsque la Parole, la prière et la louange abondent dans nos cœurs et lorsque nous faisons tout dans nos vies avec un cœur d'adoration pour Dieu, nous aurons offert nos corps comme des sacrifices vivants, saints et agréables à Dieu.

Avant de rencontrer Dieu, j'étais très malade. J'ai passé des jours dans un désespoir sans fond. Après sept ans de maladies qui me gardaient au lit, je me suis retrouvé avec une énorme dette due aux factures d'hôpital et au coût des médicaments. J'étais dans la pauvreté. Cependant, tout a changé quand j'ai rencontré Dieu. Il m'a immédiatement guéri de toutes mes maladies et j'ai commencé une nouvelle vie.

Face à cette grâce qui me dépassait, j'ai commencé à aimer Dieu par-dessus tout. Le jour du Seigneur, je me levais à l'aube, je m'assurais de prendre un bain, de mettre des sous-vêtements propres. Et même si je n'avais porté une paire de chaussettes que brièvement le Samedi, je ne portais jamais la même paire pour aller à l'église le jour suivant. Je mettais également mes vêtements les plus beaux et les plus propres.

Je ne veux pas dire par là que l'apparence des croyants doit suivre la mode lorsqu'ils se rendent au culte. Cependant, si un croyant croit vraiment et aime Dieu, quoi de plus naturel pour lui que de se préparer le mieux possible pour venir devant Dieu et le magnifier. Même si les circonstances d'une personne ne lui permettent pas certains vêtements, chacun peut préparer ses vêtements et son apparence du mieux possible.

Je m'assurais toujours que je faisais des offrandes avec les nouveaux billets : chaque fois que je tombais sur un billet neuf, je le mettais de côté pour les offrandes. Même en cas d'urgence, je ne touchais pas cet argent que j'avais mis à part pour les offrandes. Nous savons que même au temps de l'Ancien Testament il y avait des différences de circonstances entre les personnes et, pourtant, chaque croyant préparait une offrande pour se présenter devant le sacrificateur. Sur ce point, Dieu nous dit carrément dans Exode 34:20 : « L'on ne se présentera point à vide devant ma face ».

Selon ce que j'ai appris d'un homme de réveil, je m'assure toujours d'avoir une offrande, grande ou petite, préparée pour chaque culte. Même quand nos salaires combinés permettaient à peine de rembourser les intérêts de notre dette, ma femme et moi n'avons pas une seule fois donné à contrecœur ou n'avons eu de regrets après avoir fait une offrande. Comment aurions-nous pu regretter que nos offrandes soient utilisées pour sauver des âmes et pour le royaume de Dieu et Sa justice ?

En voyant notre dévouement, Dieu nous a permis, en Son temps, de pouvoir rembourser entièrement cette énorme dette. J'ai commencé à prier Dieu qu'Il fasse de moi un bon ancien qui pourrait fournir une aide financière aux pauvres et s'occuper des orphelins, des veuves et des malades. Cependant, Dieu m'a, de façon assez inattendue, appelé au ministère et m'a amener à conduire une église immense au travers de laquelle un nombre incalculable d'âmes sont sauvées. Quoique je ne sois jamais devenu ancien, je suis capable de fournir de l'aide à beaucoup de gens et j'ai reçu la puissance de Dieu par laquelle les malades sont guéris, ce qui dépasse de loin ce pourquoi j'avais prié.

5. « Jusqu'à ce que Christ soit formé en vous »

Tout comme les parents travaillent volontiers très dur pour nourrir leurs enfants après leur avoir donné naissance, beaucoup de travail, de persévérance et de sacrifices sont nécessaires pour prendre soin des âmes et les conduire vers la vérité. À ce sujet, l'Apôtre Paul confesse dans Galates 4:19 : « Mes enfants, pour qui j'éprouve de nouveau les douleurs de l'enfantement, jusqu'à ce que Christ soit formé en vous. »

Si je sais une chose du cœur de Dieu, c'est qu'Il estime chaque âme comme étant plus précieuse que tout le reste dans l'univers et qu'Il désire que chaque personne reçoive le salut. Je fais donc de mon mieux pour amener le plus d'âmes possible vers le chemin du salut et de la Nouvelle Jérusalem. En m'efforçant d'élever le niveau de la foi des membres de l'église « à la mesure de la stature parfaite de Christ » (Éphésiens 4.13), j'ai prié et préparé des messages à chaque fois que j'en avais l'occasion. Bien qu'il existe des moments où je voudrais bien m'asseoir avec les membres de l'église pour avoir des conversations joyeuses, tel un berger chargé de diriger son troupeau dans le droit chemin, je prône la maîtrise de soi en tout et me concentre sur les tâches que Dieu m'a données.

Il y a deux choses que je désire pour chaque croyant. La première est que je voudrais que beaucoup de croyants ne se contentent pas de recevoir le salut, mais puissent demeurer à la Nouvelle Jérusalem, endroit le plus glorieux du Ciel. Le deuxième est que je voudrais que chaque croyant puisse échapper à la pauvreté et vivre une vie de prospérité. À une époque où l'église connaît le réveil et que le nombre des gens qui viennent aux réunions augmente, le nombre de ceux qui reçoivent de l'aide ou la guérison augmente également. Humainement parlant, il n'est pas facile de prendre note des besoins et d'agir en selon les besoins de chaque membre de l'église.

Je sens un lourd fardeau à chaque fois que des croyants pèchent. Cela est dû au fait que je sais que lorsqu'un croyant pèche, il s'éloigne de la Nouvelle Jérusalem. Dans les cas extrêmes, il se pourrait même que des croyants qui pèchent ne puissent recevoir le salut. Le croyant ne peut recevoir des réponses et des guérisons spirituelles ou physiques qu'après avoir démoli le mur de péché qui le sépare de Dieu. Tout en m'accrochant à Dieu au nom des croyants qui ont péché, il m'est arrivé de ne pas pouvoir dormir, d'être pris de convulsions, de larmes et de perdre un volume indicible d'énergie, sans parler des innombrables heures et jours de jeûne et de prière.

Dieu, qui a accepté ces offrandes à maintes reprises, a manifesté Sa miséricorde envers les gens, même envers ceux qui avaient auparavant été indignes du salut, et leur a donné l'esprit de repentance de sorte qu'ils puissent se repentir et recevoir le salut. Dieu a également élargi les portes du salut pour qu'un nombre incalculable de personnes dans le monde entier puisse entendre l'évangile de la sanctification et être témoins de manifestations de Sa puissance.

À chaque fois que je vois beaucoup de croyants grandir magnifiquement bien dans la vérité, cela me réjouit en tant que pasteur. Tout comme le Seigneur, qui n'avait pas commis de péché, s'est offert Lui-même comme un parfum d'une bonne odeur à Dieu (Éphésiens 5:2), je marche vers l'avant et offre chaque aspect de ma vie comme un sacrifice vivant et saint à Dieu, pour Son royaume et pour les âmes.

Lorsque les enfants honorent leurs parents le jour de la fête des mères ou de la fête des pères et leur manifestent leur gratitude, les parents sont remplis d'une grande joie. Même si ces signes de reconnaissance peuvent parfois ne pas être du goût des parents, ceux-ci sont néanmoins satisfaits car ces cadeaux sont de leurs enfants. De la même façon, lorsque Ses enfants Lui offrent le culte qu'ils ont préparé avec leurs plus grands efforts et amour pour leur Père Céleste, Dieu est ravi et les bénit.

Évidemment, aucun croyant ne devrait vivre comme bon lui semble durant la semaine et ne démontrer un dévouement que le Dimanche ! Tout comme Jésus nous le dit dans Luc 10:27, chaque croyant doit aimer Dieu de tout son cœur, de toute son âme, de toute sa force, de toute sa pensée et s'offrir lui-même comme un sacrifice vivant et saint chaque jour de sa vie. Mon souhait est que chaque lecteur puisse, en adorant Dieu en esprit et en vérité et en Lui offrant un parfum agréable qui vient du cœur, jouir abondamment de toutes les bénédictions que Dieu a préparées pour lui.

L'auteur
Dr. Jaerock Lee

Le Dr. Jaerock Lee est né à Muan, dans la Province de Jeonam, en République de Corée en 1943. Dans sa vingtaine, le Dr. Lee a souffert d'une variété de maladies incurables pendant sept ans et il a attendu la mort avec aucun espoir de récupérer. Un jour du printemps 1974 il a été conduit dans une église par sa soeur et lorsqu'il s'est agenouillé pour prier, le Dieu vivant l'a immédiatement guéri de toutes ses maladies.

Dès que le Dr. Lee a rencontré le Dieu vivant au travers de cette merveilleuse expérience, il a aimé Dieu de tout son cœur et sincérité, et en 1978, il a été appelé à devenir un serviteur de Dieu. Il a prié avec ferveur de manière à clairement connaître la volonté de Dieu, l'a complètement accomplie et a obéi à toute la parole de Dieu. En 1982, il a fondé l'Eglise Centrale Manmin à Séoul en Corée et d'innombrables œuvres de Dieu, incluant des guérisons miraculeuses et des prodiges ont eu lieu dans son église.

En 1986, le Dr. Lee a été ordonné en tant que pasteur lors de l'Assemblée annuelle de l'Eglise Sungkyul Jésus de Corée, et quatre an plus tard, en 1990, ses sermons ont commencé à être retransmis en Australie, en Russie, aux Philippines et dans beaucoup d'autres nations au travers de la Société de Retransmission d'Asie, la Station asiatique de retransmission et le Système Chrétien Radio de Washington.

Trois ans plus tard, en 1993, l'Eglise Centrale Manmin a été sélectionnée comme l'une des «50 Plus grandes églises du monde» par le magazine 'Monde Chrétien' (Etats-Unis) et il a reçu un doctorat honoraire en Divinité du Collège de Foi Chrétien, en Floride, aux Etats-Unis. Et en 1996, un Ph.D. du ministère du Séminaire Théologique Kingsway, à Iowa, aux Etats-Unis.

Depuis 1993, le Dr Lee a pris la direction de la mission mondiale au travers de nombreuses croisades outremer, aux Etats-Unis, en Tanzanie, en Argentine, en Ouganda, au Japon, au Pakistan, aux Philippines, au Honduras, au Kenya, en Inde, en Russie, en Allemagne et au Pérou. En 2002, il fut appelé «Pasteur Mondial» par les principaux journaux chrétiens en Corée pour son travail dans les diverses Grandes Croisades Unifiées outremer.

Depuis Novembre 2015, l'Eglise Centrale Manmin possède une congrégation de plus de 120.000 membres. Il y a 10.000 églises branches au pays et dans le monde, et à ce jour, plus de 122 missionnaires ont été commissionnés vers 23 pays, y compris les Etats-Unis, la Russie, l'Allemagne, le Canada, le Japon, la Chine, la France, l'Inde et de nombreux autres.

Jusqu'au jour de cette publication, le Dr Lee a écrit 100 livres y compris les bestsellers, Goûter à la vie Eternelle avant la Mort, Ma Vie, Ma Foi, I et II, Le Message de la Croix, La Mesure de Foi, Le Ciel I et II, Enfer et La Puissance de Dieu. Ses œuvres ont été traduites dans plus de 76 langues.

Ses chroniques chrétiennes paraissent dans Le Hankook Ilbo, Le JoongAng Daily, Le Chosun Ilbo, Le Dong-A Ilbo, Le Munhwa Ilbo, Le Seoul Shinmun, Le Kyunghyang Shinmun, Le Korea Economic Daily, Le Korea Herald, Le Shisa News, et Le Chistian Press.

Le Dr. Lee est présentement dirigeant de nombreuses organisations missionnaires et associations, y compris Président de l'Eglise Unifiée de Sanctification de Jésus-Christ; Président, Mission Mondiale Manmin; Fondateur et Président du Conseil du Réseau Mondial Chrétien (GCN); fondateur et président du conseil du Réseau Mondial de Médecins Chrétiens (WCDN) et fondateur et président du conseil du Séminaire International Manmin (MIS).

D'autres livres puissants par le même auteur

Le Ciel I & II

Une esquisse détaillée de l'environnement merveilleux dont jouiront les citoyens célestes au milieu de la gloire de Dieu.

Le Message de la Croix

Un message puissant de réveil pour tous les peuples qui sont spirituellement endormis. Dans ce livre, vous trouverez le véritable amour de Dieu et pourquoi Jésus est notre seul Sauveur.

Enfer

Un message sérieux de Dieu à toute l'humanité, qui souhaite que même pas une seule âme ne tombe dans les profondeurs de l'enfer ! Vous découvrirez le compte rendu jamais révélé auparavant de la cruelle réalité de l'Hadès et de l'enfer.

La Puissance de Dieu

Un livre à lire absolument qui sert de guide essentiel par lequel on peut posséder la vraie foi et expérimenter la merveilleuse puissance de Dieu.

La Mesure de Foi

Quel type de lieu de séjour céleste et quelles espèces de couronnes sont préparés dans le ciel? Ce livre apporte sagesse et direction pour mesurer votre foi et cultiver la foi la plus parfaite et mature.

Réveille-toi Israël

Pourquoi Dieu a-t-Il gardé les yeux fixés sur Israël depuis le commencement du monde jusqu'à ce jour? Quel type de providence a été préparée pour Israël qui attend le Messie dans les derniers jours.

Ma Vie, Ma Foi I & II

L'autobiographie du Dr.Jaerock Lee produit le plus odorant arôme spirituel pour les lecteurs, au travers de sa vie extraite de l'amour de Dieu qui a fleuri au milieu de vagues ténébreuses, d'un joug glacial et d'un profond désespoir.

Goûter à la vie éternelle avant la Mort

Les mémoires témoignage du Dr Jaerock Lee, qui est né de nouveau et sauvé de la vallée de l'ombre de la mort et a vécu une vie chrétienne exemplaire.

www.urimbooks.com

www.ingramcontent.com/pod-product-compliance
Lightning Source LLC
LaVergne TN
LVHW021826060526
838201LV00058B/3524